全国重点旅游院校"十三五"规划教材

领队业务

主　编◎赵　明
副主编◎焦云宏　雷　蕾　刀　丽　王　笛

中国旅游出版社

全国重点旅游院校"十三五"规划教材编审委员会

顾　　问

云南大学工商管理与旅游管理学院院长、教育部高校旅游管理类专业教学指导
委员会主任　　　　　　　　　　　　　　　　　　　　　　　　　田里教授
东北财经大学旅游与酒店管理学院院长　　　　　　　　　　　　谢彦君教授

主　　任

云南旅游职业学院　　　　　　　　　　　　　　　　　　　　　范德华院长
中国旅游出版社　　　　　　　　　　　张润生副总编辑（主持全面工作）

副 主 任

曙光酒店集团　　　　　　　　　　　　　　　　　　　　　程浩常务副总裁
华侨城旅游事业部　　　　　　　　　　　　　　　　　　王刚高级副总经理
太原旅游职业学院　　　　　　　　　　　　　　　　　　　张立芳副院长
江西旅游商贸职业学院　　　　　　　　　　　　　　　　　胡建华副院长
河北旅游职业学院　　　　　　　　　　　　　　　　　　　汤云航院长
三峡旅游职业技术学院　　　　　　　　　　　　　　　　　张耀武副院长
山西旅游职业学院　　　　　　　　　　　　　　　　　　　何乔锁院长
黑龙江旅游职业技术学院酒店管理烹饪系　　　　　　　　　刘训龙主任
陕西旅游烹饪职业学院　　　　　　　　　　　　　　　　　王新艳院长
青岛酒店管理职业技术学院旅游与酒店管理学院　　　　　　石媚山副院长

秘 书 长

云南旅游职业学院　　　　　　　　　　　　　　　　　　　韦明体副院长

副秘书长

云南旅游职业学院科研处　　　　　　　　　　　　　　　　周利兴科长
中国旅游出版社教材开发部　　　　　　　　　　　　　　　段向民执行主任

委员（各教材主编，略）

序

  我国旅游教育经历了30年的发展，1733所旅游类院校积累了1.2万多种各类旅游教材，涉及的课程达到280多门。通过对多所院校及对学生的调研，我们发现现行旅游教材主要存在以下问题：同质化现象严重；教材不能很好地体现企业及相关行业的岗位需求；理论化突出而实践性不足；版式设计不够活泼；配套教学资源不完善。

  为贯彻落实教育部最新教改精神，促进旅游等行业的教育事业发展，为进一步推动旅游高等职业教育国家级规划教材建设工作，发挥旅游类教材建设在提高旅游人才培养质量中的基础性作用，全面提升高等职业教育旅游类教材质量，教材编审委员会特组织编写团队，联合开发立体化教材。全国重点旅游院校"十三五"规划教材计划分批出版，第一批拟出版35种，涵盖了旅游管理大类的大部分专业核心课程。此次所选院校，均为以"旅游""酒店"等字样命名的院校，保证了队伍的纯粹性。此次教材编审队伍搭建真正实现了专家指导、企业参与、编者共享的格局。专家有以田里教授、谢彦君教授为代表的业界翘楚，曙光酒店集团常务副总裁程浩、华侨城旅游事业部高级副总经理王刚等企业高管参与了教材的审稿工作，专家、院校、企业三方共同努力，努力打造出一套实用性强的教材。

  令人欣慰的是，在新常态下，旅游业迎来了全新的发展机遇，业已进入又快又好发展的黄金期。伴随旅游业发展黄金期的到来，对于旅游相关人才的需求与日俱增，势必为旅游教育的发展开辟广阔前景。2015年10月26日，教育部会同国家旅游局联合发文，颁布了《加快发展现代旅游职业教育的指导意见》，特别强调要"加快构建现代旅游职业教育体系，深化产教融合、校企合作，培养适应旅游产业发展需求的高素质技术技能和管理服务人才"。文件指出,"鼓励校企联合开发专业课程,增加任务驱动型、项目开发型、行动研究型、案例教学型课程数量。组织开展优质课程资源建设,搭建旅游职业教育国家级数字化课程资源共享平台,支持开发一批数字化课程资源包"。本套教材的立体化开发,就是课程资源包的一部分。

教材是体现教学内容和教学要求的知识载体,是进行教学的基本工具,是提高教学质量的重要保证。本套教材改变了过去单一的课本教材模式,配合现代教育教学方式的改革,把课本、教学参考书、学生练习册、电子课件和多媒体教学手段以及网上教学辅导相结合,形成了教材的立体化开发格局。

全国重点旅游院校"十三五"规划教材编审委员会
2016 年 9 月

前言

　　中国旅游研究院、携程旅游集团联合发布《中国游客中国名片，消费升级品质旅游——2017年中国出境旅游大数据报告》。报告数据显示，2017年中国公民出境旅游突破1.3亿人次，花费达1152.9亿美元，保持世界第一大出境旅游客源国地位。出境旅游呈现"消费升级、品质旅游"的特征与趋势，选择升级型、个性化的旅游产品，深度体验目的地的游客数量不断增多。出境旅游在我国旅游中所占的比例不断增加，越来越多的人开始关注出境旅游。在出境旅游快速发展的同时，需要培养大量的出境旅游领队人才。出境领队是组团社的代表，协同境外地接社完成旅游计划安排，协调处理旅游过程中的相关事务。出境领队是团队的灵魂，在整个旅游产品服务环节中占据决定性一环。

　　领队业务课程是高职高专导游专业、旅游管理专业的一门专业课程，是学生从事出境领队工作所需掌握的技能必修课程。学习本门课程，能使学生掌握出境领队工作任务中相关项目的操作流程和操作要求，具备从事出境领队工作相关的职业能力，以及从事旅行社相应的管理的职业能力。

　　本书的总体设计思路是以出境领队的工作任务和职业能力分析为依据确定教学目标并设计内容，以工作任务为线索构建任务引领型教材，以职业能力为核心组织教学内容，让学生通过完成具体项目发展职业能力。

　　本书的结构以行业专家对出境领队的工作任务与职业能力分析结果为依据，以出境领队工作操作流程为线索，结合领队岗位工作所需的相关职业能力要求，共包括准备工作、行前说明会、出境时的工作、入境时的工作、境外工作、回国后的后续工作六大工作项目，每个项目中设计不同的工作任务。任务内容的选取紧紧围绕完成工作任务的需要循序渐进，以满足学生职业能力的培养要求，同时又充分考虑学生对理论知识的掌握和应用，融合出境领队的职业标准对知识、技能和态度的要求。

　　每个项目的学习都以出境领队的业务流程和职业能力要求作为活动的载体，以工作任务为中心整合相关理论和实践，实现做学一体化。强化出境领队服务规范和操作技巧的训练，注重出境领队服务艺术和应变能力的培养。

　　本书充分体现任务引领、就业导向的课程设计思想，通过设计一些结合岗位任务、有吸引力的课堂教学活动，寓教于乐，充分体现"做学一体"的理念。内容还突出实用性，重视将一线出境领队人员最新的服务理念与方法纳入教材，使教材更贴近本行业的发展和实际需要，符合现代社会和出境领队的发展趋势。

　　本书的分工为云南旅游职业学院赵明老师负责全书框架、项目五及全书统稿，焦云宏老师负责项目一和项目二，刀丽老师负责项目三，雷蕾老师负责项目四，昆明理工大学津桥学院王笛老师负责项目六。云南玛拿国际旅行社总经理方泽华先生提供了来自行业和一线工作经验的指导。

　　本书在编写过程中得到了很多老师及同行的大力支持，编写内容中如有不当之处，请给予批评指正，谢谢！

编者
二〇一八年十一月

目 录

项目一 准备工作 … 1
    任务一 接受带团任务 … 1
    任务二 掌握行程计划 … 9
    任务三 熟悉团队情况 … 28
    任务四 查验旅行文件 … 31
    任务五 准备出行物资 … 33

项目二 行前说明会 … 36
    任务一 会前准备 … 36
    任务二 会议组织 … 46

项目三 出境时的工作 … 52
    任务一 团队的集合 … 53
    任务二 中国出境工作 … 63
    任务三 他国离境工作 … 74

项目四 入境时的工作 … 80
    任务一 他国入境工作 … 80
    任务二 入境工作的流程 … 83
    任务三 中国入境工作 … 97

项目五 境外工作 … 103
    任务一 入住酒店及相关问题的处理 … 103

任务二　游览过程中相关问题的处理…………………………………………108
　　任务三　餐饮及相关问题的处理……………………………………………113
　　任务四　购物及相关问题的处理……………………………………………117
　　任务五　自然灾害等相关问题的处理………………………………………121
　　任务六　游客患病等相关问题的处理………………………………………126
　　任务七　特殊事故的处理……………………………………………………129

项目六　回国后的后续工作……………………………………………………134
　　任务一　与旅行社进行报账、汇报等交接工作……………………………135
　　任务二　处理投诉、与客人保持联系………………………………………139
　　任务三　领队职业生涯的升级和拓展………………………………………144

附　录……………………………………………………………………………149
　　附录1　出境旅游领队人员管理办法………………………………………149
　　附录2　中国公民出国旅游管理办法………………………………………152
　　附录3　旅行社出境旅游服务规范…………………………………………156
　　附录4　导游领队引导文明旅游规范………………………………………164

项目一

准备工作

中国出境旅游发端于 1983 年，当年首先启动了港澳出境游。1988 年，泰国成为首个中国开放的出境旅游目的地国家。2008 年，中国台湾地区向大陆居民开放旅游活动。经过 30 多年的不断发展，截至 2016 年，中国公民出境旅游目的地已扩大到 151 个国家和地区。

2014 年，中国出境旅游人次首次突破 1 亿，达到 1.07 亿人次，成为世界第一大旅游客源国；2015 年，出境旅游人次为 1.17 亿，比上年增长 9.3%；2016 年，出境旅游人次达 1.22 亿，同比增长 4.3%，继续蝉联全球出境旅游人次最多的国家。2016 年，我国出境旅游花费高达 1098 亿美元（约 7600 亿元人民币），人均花费 900 美元。

【学习目标】

- 掌握出境旅游领队的基本职能和素质要求；
- 学会出境旅游领队带团出境前的准备工作；
- 学会出境旅游领队的工作流程。

任务一　接受带团任务

任务描述

小张在大学学习期间通过大学公共英语 6 级考试，并顺利考取导游资格证。毕业后与北京 ×× 国际旅行社签订劳动合同，从事普通话地陪和全陪的导游工作已经两年。由于导游业务逐渐娴熟、工作能力不断提高，经常受到游客和同事的夸赞。这天，导游管理部经理派团时告诉小张，两周后将派他作为领队带领一个出境旅游团队前往泰国旅游。听到这个消息，小张既兴奋又忐忑。小张可以接受这次带团任务吗？

任务分析

《中华人民共和国旅游法》（以下简称《旅游法》）第三十六条规定，旅行社组织团队出境旅游或者组织、接待团队入境旅游，应当按照规定安排领队或者导游全程陪同。《旅游法》第四十条规定，导游和领队为旅游者提供服务必须接受旅行社委派，不得私自承揽导游和领队业务。

出境旅游服务中，领队服务是其中重要内容。领队是旅游合同履行的监督者。在旅游行程中，无论是地接社，还是酒店、餐饮等履行辅助人，都是组团社履行包价旅游合同的核心主体。组团社为保证这些主体能够按照包价旅游合同和彼此之间合同的约定为旅游者提供相应服务，就需要委派代表其利益的人员随团督促和监督。同时，领队是旅游主体间关系的协调者。旅游合同履行过程中，涉及的主体众多，旅游关系复杂，如果没有组团社代表全程进行协调，旅游行程很难顺利推进，旅游服务质量也会大打折扣。此外，领队服务对于保障旅游者的人身、财产安全和旅游的舒适性、便利性，以及维护国家利益和国家形象具有重要作用。

北京××国际旅行社组织团队赴泰国旅游，应当为该团队安排具有领队资质的人员全程陪同。

《旅游法》第三十九条规定，从事领队业务，应当取得导游证，具有相应的学历、语言能力和旅游从业经历，并与委派其从事领队业务的取得出境旅游业务经营许可的旅行社订立劳动合同。

领队作为组团旅行社的代表，需要为出境旅游团提供旅途全程陪同和语言、联络等相关服务，并协同、监督完成境外旅游接待安排，协调处理旅游突发事件，监督旅游者遵守法律法规和文明旅游的行为，防止旅游者滞留，对旅游行程安全、顺畅的完成具有至关重要的作用。基于领队工作的特点，具备出境旅游业务经营许可的旅行社在委派出境领队时，应对领队的学历状况、语言能力、人际沟通、组织协调、安全保障和应急处理等相关业务能力进行认定。

《旅行社条例实施细则》第三十一条规定，旅行社为组织旅游者出境旅游委派的领队，应当具备下列条件：①取得导游证；②具有大专以上学历；③取得相关语言水平测试等级证书或通过外语语种导游资格考试，但为赴港澳台地区旅游委派的领队除外；④具有两年以上旅行社业务经营、管理或者导游等相关从业经历；⑤与委派其从事领队业务的取得出境旅游业务经营许可的旅行社订立劳动合同。赴台旅游领队还应当符合《大陆居民赴台湾地区旅游管理办法》规定的要求。第三十六条规定，旅行社委派的领队，应当掌握相关旅游目的地国家（地区）语言或者英语。

取得导游证是从事领队业务活动的前提条件。领队的执业特点与全程陪同导游相类似，但要比导游有更高的学历、专业和语言能力等要求。如果领队没有取得导游证，没有从事过导游执业，对导游业务不了解，则可能导致对境外地接导游的监督、对旅行社和旅游者权益的维护能力和经验不足。

《旅游法》未对"相应的学历、语言能力和旅游从业经历"进行细化，参照《旅行社条例实施细则》，具有大专以上学历，英语或者目的地国家（或地区）语言能力、两年以上旅游从业经历以及与委派其从事领队业务的取得出境旅游业务经营许可的旅行社订立劳动合同等内容是领队从业资格的法律要求。

小张属于与北京××国际旅行社订立劳动合同的持证专职导游，具有大学学历、良好的英语水平和两年导游从业经历，基本符合相关法律的规定和要求。小张可以接受本次领队任务，但是如果仅仅依靠做地陪和全陪的导游基本知识和工作经历，是不可能完成领队工作的。

完成任务

（1）学生分组讨论领队与导游的岗位差别，初拟领队岗位描述。
（2）分组汇报领队岗位描述并进行讨论互评，厘清领队岗位职责。
（3）教师通过学生完成任务的情况进行综合考评。

方法与步骤

（1）学习领队业务相关知识。
（2）学习领队英语相关词汇与表达技巧，提高口语能力。
（3）掌握出境旅游目的地国家（地区）概况。

【知识链接】

《旅行社出境旅游服务规范》（GB/T 31386—2015）相关条款

3.1 组团社
依法取得出境旅游经营资格的旅行社。

3.2 出境旅游
组团社组织的以团队旅游的方式，前往中国公布的旅游目的地国家/地区的旅行游览活动。

3.3 出境旅游领队
依法取得从业资格，受组团社委派，全权代表组团社带领旅游团出境旅游，监督境外接待旅行社和导游人员等执行旅游计划，并为旅游者提供出入境等相关服务的工作人员。

3.4 出境旅游产品（outbound tour product）

组团社为出境旅游者提供的旅游路线及其相应服务。

……

5.4 领队接待服务

5.4.1 总要求

出境旅游团队应配备符合法定资质的领队。

5.4.2 领队素质要求

领队人员应：

a）符合《导游服务规范》GB/T 15971—2010 要求的基本素质；

b）切实履行领队职责、严格遵守外事纪律；

c）已考取领队证并具备：

● 英语或目的地国家/地区语言表达能力；

● 导游工作经验和实操能力；

● 应急处理能力。

5.4.3 领队职责

领队应：

a）维护旅游者的合法权益；

b）与接待社共同实施旅游行程计划，协助处理旅游行程中的突发事件、纠纷及其他问题；

c）为旅游者提供旅游行程的相关服务；

d）代表组团社监督接待社和当地导游的服务质量；

e）自觉维护国家利益和民族尊严，并提醒旅游者抵制任何有损国家利益和民族尊严的言行；

f）向旅游者说明旅游目的地的法律法规、风土人情及风俗习惯等。

【技能拓展】

2016 年中国出境旅游大数据

1.22 亿，接近日本全国的人口——这是 2016 年我国出境旅游者的规模；旅游花费高达 1098 亿美元（约 7600 亿元人民币）。1 月 20 日，我国最大的出境旅游服务商携程旅游、国家旅游局直属研究机构中国旅游研究院联合发布《向中国游客致敬——2016 年中国出境旅游者大数据》。双方专家团队基于全年旅游业数据，结合携程 2.5 亿会员以及业内规模最大的跟团游、自由行订单数据，对全年出境游情况和游客行为进行了全面监测。

报告认为，中国大陆旅游者越来越倾向于选择更便利、更安全稳定、更热情友好、自然与生活环境更好的目的地。出国的目的也从观光旅游转向享受海外优质生活环境和服务，包括气候、空气、物价房价、商品、医疗、教育等。出境旅游已成为衡量中国城市家庭和年轻人幸福度的一大标准。

一、1.22亿人次出境游，相当于整个日本人口都出国

2016年，在收入增长和旅游消费升级推动，以及签证、航班等便利因素影响下，我国出境旅游热依然持续，出境旅游人数达1.22亿人次，比2015年的1.17亿人次增长4.3%，继续蝉联全球出境旅游人次世界冠军。

互联网成为推动我国出境旅游的重要力量，"携程在手，说走就走"，在线旅游网站和手机客户端成为我国游客查询、预订的重要渠道。数据显示，2016年，携程通过跟团游、自由行、邮轮、当地玩乐、微领队等度假产品与业务，服务超过1500万人次的出境游客。

我国已经成为泰国、日本、韩国、越南、俄罗斯、马尔代夫、英国等多个国家的第一大入境旅游客源地。但每年只有不到全国人口10%的人参与出境游，拥有出境证件的国人只占总人口的10%，出境游发展依然潜力无穷。

二、人均花费900美元，最高金额138万

2016年，我国出境旅游花费高达1098亿美元（约7600亿元人民币），人均花费900美元。虽然出境游人数只占旅游总人数的3%，但是出境游消费却占到全国旅游花费的16%。

从在线旅游者的花费看，国人越来越热衷出境游。从携程旅游度假产品的统计看，2016年，超过65%的花费是出境游，35%是国内游。2016年我国网络旅游消费最高纪录是携程旗下鸿鹄逸游推出的"环游世界80天"旅游团，人均消费138万。

中国游客被称为"移动的钱包"，去哪些国家旅游花费最多？报告根据携程出境游订单数据，发布了2016年我国游客花费总额最多的十大出境目的地国家，依次是泰国、日本、韩国、美国、马尔代夫、印度尼西亚、新加坡、澳大利亚、意大利、马来西亚。距离我国最近的泰国、日本、韩国成为最大的赢家。

从海外城市看，我国游客花费总额最多的十大城市依次是首尔、曼谷、东京、大阪、新加坡、清迈、伦敦、莫斯科、纽约、罗马、悉尼。

2016年国人旅游，哪些路线最土豪？人均花费最高的十大旅游路线，分别是阿根廷、智利、马达加斯加、埃塞俄比亚、法属波利尼西亚、大溪地、墨西哥、巴西、肯尼亚、留尼汪（法属）。以南美路线为例，去年人均消费超过5万元，游客量增长了200%。

三、中国游客依然热衷跟团游，但自由行、定制游增长更快

出境游，跟团还是自由行？报告分析认为，2016年全国旅行社组织的出境旅游人数预计超过5000万人次，以跟团旅游为主。在1.22亿人次出境游客中，占比达40%。出境自由行规模超过7000万人次，占六成。我国游客依然热衷跟团游，特别在是二三四线城市和地区。但出境自由行是大势所趋。以携程组织的数百万出境游客为例，

跟团与自由行约各占一半。跟团游客中选择半自助游、私家团也成为趋势，旅游者可以自由选择航班、酒店，大部分行程都由旅行社安排妥当，又有足够的自由时间可以泡酒吧、逛当地市场。

2016年出境旅行者越来越青睐那些新的旅游产品形态——通过定制旅行体验一次宫崎骏《幽灵公主》的屋久岛徒步、看海龟产卵的特别旅行；花一两万报名日本医疗体检旅游来一次全面的防癌检查——数据显示通过携程预订海外定制旅行、主题旅游、海外门票玩乐产品的人数分别增长了400%、250%和100%。2016年，出境游客的旅程变得更丰富、更便捷。

四、女性更爱出境旅游，70后、80后是消费主力

1.22亿出境游客，这些人是谁？数据表明，女性比男性更爱走出国门。报告根据在线出境游的性别、年龄统计，2016年出境旅游者中，56%是女性，44%是男性，女性比例高12个百分点。与其财富、体力相匹配，70后、80后依然是出境游的中坚力量，占比近50%。但越来越多的90后、00后，以及时间最充裕的银发族加入出境游的队伍。2016年，我国最年长出境游客年龄101岁。

五、中国游客最关注交通、景点、美食、购物

中国出境旅游者最需要哪些服务？据悉，携程行中服务产品"微领队"全年大数据统计，用户咨询求助的问题一共有16类，包括旅游生活的各个方面，其中最多的是交通33.7%、景点20.9%、美食15.4%、购物6.5%、出入境5.1%、天气3.5%、外汇相关2.9%等。

疾病、火山地震、恐怖袭击等突发事件也占了不少的比例。此外，客户在旅行中最常见需要提供帮助的紧急事件场景为寻找物品、协助就医、代购药品、自然灾害救助等。一位在日本东京的中国游客的小孩突发水痘，就通过微领队找到即将出发的国内游客，从机场购买到国内药品带到日本，并通过医生指导顺利就医。

不断进化的旅游产品和不断完善的服务，使得我国游客的体验和满意度提升。目前，我国旅游企业推出的手机端应用，已经涵盖吃、住、行、游、购、娱、导等全面的旅游与生活需求，实现掌上一站式服务。最近，携程还推出独立的美食品牌，以解决出境游"吃"的难题。

针对自由行特别是出境游缺乏全程服务的难题，"微领队"将相同时期、目的地的游客聚集在微信群或携程App中，提供目的地旅游信息问答服务和意外情况的支持。2016年，服务的旅游者突破1000万大关，服务的反应速度也提高到以"秒"为单位，并且覆盖旅游全过程。

六、出境游省市榜："新一线"时代

上海、北京、广州、深圳作为我国四大出境口岸的地位不可动摇，但"新一线"城市为出境旅游市场贡献了最大的新客群，在线出境游客人数增长最高超过100%，他们的消费能力也已经比肩一线城市。

根据携程百万规模的出境自由行、跟团游的服务人数，报告发布了2016年排名前20位的出境旅游出发城市，其中包括16个出境游"新一线"城市。大部分城市每年的出境旅游人次都达到100万~200万。随着国际航班、签证中心的新增和加密，市民不再需要去大城市办证和出发了，这些地区出境旅游人数增长速度高于一线城市。

2016年排名前20位的出境旅游出发城市为上海、北京、深圳、广州、杭州、成都、南京、天津、武汉、重庆、厦门、西安、长沙、昆明、青岛、沈阳、宁波、郑州、南宁、大连。出境旅游人数增长速度最快的前10名城市分别为珠海、南宁、合肥、郑州、长春、昆明、深圳、青岛、重庆、西安。

哪些城市的市民出境游平均花费最高？携程跟团游、自由行数据显示：2016年人均花费最高的十大城市分别是北京、上海、长春、沈阳、贵阳、昆明、西安、南京、成都、青岛。他们用于购买出境跟团游、自由行产品的花费位居全国前列。其中，北京以6203元位居第一，其次是上海、长春、沈阳。西部的昆明、贵阳、西安等城市也位居榜上。

七、目的地排行榜：赢家、黑马与失意者

2016年中国护照的含金量大幅提升。我国公民出境旅游目的地已扩大到151个国家和地区。全球各国都竭力欢迎中国游客，截至2017年1月，持中国普通护照可以有条件免签或落地签前往的国家和地区已达61个，相比去年同期增加9个。欧洲国家也开始对华免签证，2017年1月1日中国和塞尔维亚互免持普通护照人员签证。继美国、加拿大、新加坡、韩国、日本和以色列之后，澳大利亚正式加入对华"十年签证"队伍。

报告根据在线预订数据，发布了2016年最受中国游客欢迎的20个目的地国家，依次是泰国、韩国、日本、印度尼西亚、新加坡、美国、马来西亚、马尔代夫、越南、菲律宾、柬埔寨、俄罗斯、澳大利亚、毛里求斯、意大利、阿联酋、斯里兰卡、英国、埃及和德国。

2016年泰国、韩国、日本是前三大热门目的地，2016年，分别有877万、804万和600多万中国大陆游客前往这三个国家旅游。赴东南亚、南亚旅游增长最快，特别是越南、菲律宾两国携程办签证服务的游客增长166%、124%。

2016年，部分目的地成为出境游黑马，对我国游客的吸引力显著提升。根据网上报名人数，报告发布了游客量增长最快的前十大人气目的地，依次是越南、菲律宾、印度、阿联酋、斯里兰卡、日本、新加坡、泰国、英国、加拿大。签证放宽成为这些国家上升为黑马的主要原因，由于采取了对中国游客更优惠的签证政策，游客增长最高的超过100%以上。

2016年，也有些国家和地区失意中国大陆旅游市场。中国台湾、法国、意大利、尼泊尔、瑞士、土耳其、希腊等，出现游客量明显下降的情况。

欧洲游降幅最大，法国旅游部门预计2016年中国游客降幅达20%。从第四季度以来，赴韩国、中国台湾地区的游客人数下降最为明显，东南亚成为最受欢迎的替代目的地。数据显示，去年我国大陆居民赴中国台湾旅游361万人次，比2015年减少近80万人次，减少14.4%，为8年来首次出现下降。虽然全年赴韩旅游人数呈上涨趋势，但受部署萨德反导系统等因素影响，韩国游增长放缓。今年发生多起政变和恐怖袭击的土耳其，游客缩水一半以上。

报告认为，中国大陆旅游者越来越倾向于去更便利、更安全稳定、更热情友好的目的地。

八、不只是观光购物：为了海岛、乐园、博物馆、医疗出国

受国内雾霾、空气污染以及国人度假需求上升影响，空气质量和自然环境成为我国游客选择目的地的重要因素。空气清新，阳光灿烂的海岛越来越受到中国游客的青睐。海岛游占出境游总人数的30%。从携程度假的订单看，2016年十大人气海岛包括：普吉岛、巴厘岛、济州岛、冲绳、长滩岛、马尔代夫、沙巴、芽庄、塞班岛、斯里兰卡。

带小朋友去乐园亲子游也是出境游的一大动力。报告还根据出境门票预订数据，发布了2016年度全球十大热门景区，香港迪士尼乐园、新加坡环球影城等上榜。

除了观光、购物，中国游客对各国文化艺术也越来越有兴趣，兴起了一股"博物馆热"。根据携程当地玩乐预订数据，报告发布了2016年最受中国游客欢迎的全球十大博物馆，纽约大都会艺术博物馆、巴黎卢浮宫、梵蒂冈博物馆、伦敦大英博物馆等排名领先。

境外医疗成为继"出国爆买"之后我国游客的新风尚。我国大量富裕阶层不惜花费重金选择境外医疗旅游。2016年通过携程报名参加出境体检等医疗旅游人数是前一年的5倍，人均订单费用超过5万元。根据网上预订与浏览数据，报告发布了海外医疗旅游最受欢迎的10大目的地国家和地区是日本、韩国、美国、中国台湾、德国、新加坡、马来西亚、瑞士、泰国、印度。

（资料来源：中国旅游研究院，携程旅游集团.2017出境旅游大数据报告［EB/OL］.http://www.ctaweb.org/html/2018-2/2018-2-26-11-57-78366.html.）

【思考与练习】

1. 阅读"技能拓展"材料，试分析中国出境旅游趋势。
2. 基于相关法规和市场环境的变化，思考出境领队的职业路径。

任务二　掌握行程计划

任务描述

小张从旅行社团队操作人员那里拿到两周后即将出团的泰国旅游团队行程单，发现基本格式和国内旅游行程单相似，但是内容十分烦琐，很多细节并不是特别明白，具体行程示例如下。国内团的全陪和出境团的领队在工作职能方面有些什么区别？小张应该做好哪些准备？

北京××国际旅行社"曼妙泰国——曼谷沙美岛芭堤雅7日闲适之旅"团队行程

合同编号：××××	北京××国际旅行社有限责任公司
日期：××月××日	地址：×××× 电话：××××
曼妙泰国——曼谷沙美岛芭堤雅7日闲适之旅	文件号：××××—泰签

路线特色：

（1）优质航空。全程选用海南航空公司提供优质服务，舒适旅程。

（2）舒适酒店。全程安排四星酒店住宿，一晚沙美岛海边度假村：一晚升级国际五星酒店希尔顿 Hilton Sukhumvit Bangkok 或同级别酒店，使您度过完美假期。

（3）贴心服务。全程专业领队随行，专业导游讲解。

（4）特色行程。泰国国家风景保护区沙美岛一晚住宿，尽享丰富海上活动；越夜越浪漫，禅意之旅，膜拜曼谷三头神象，感受泰国佛教文化；海底总动员，水下漫游芭堤雅海底世界，与水族近距离接触；绿野遐踪"乘骑瑞象"；搭乘"欧式马车"；观赏英国宝妮小马俱乐部的精彩表演并拍照留念。

（5）特色餐食。Miss Chilli 自助餐、东芭乐园韩式 BBQ、绿光森林泰餐、Ramayan 国际自助餐。

行程安排：

日期	行程	用餐	交通	住宿
第1天	北京/曼谷 首都国际机场集合，乘海南国际航空公司直飞"天使之城"——曼谷（泰国的国民根据"天使守护，神灵居住的土地"的含义，为其命名"天使之城"，简称"曼谷"）。抵达后，导游送您前往下榻的酒店休息。 参考航班：HU7995 20：20—00：40+1		飞机 汽车	Thamrong Inn 或同级

9

续表

日期	行程	用餐	交通	住宿
第2天	曼谷—沙美岛 早餐后，游览【大皇宫】和【玉佛寺】（不少于60分钟），大皇宫内汇集了泰国建筑、绘画、雕刻和装潢艺术的精粹，其风格具有鲜明的暹罗建筑艺术特点，被称为"泰国艺术大全"。玉佛寺位于大皇宫的东北角，是泰国最著名的佛寺，也是泰国三大国宝之一。大皇宫和玉佛寺合称为"曼谷的标志"，是游览泰国必到之地。之后前往【皮革名产中心】以泰国名产珍珠鱼皮、鳄鱼皮、大象皮为原料的精美皮具箱包(不多于90分钟)。后驱车前往位于罗勇府的【沙美岛】国家海洋自然保护风景区。沙美岛位于泰国湾，曼谷东南约220千米，总面积5平方千米，岛上群山环绕苍穹青翠，宁静且纯朴无瑕，风景如画，气候宜人。海域水质洁净，空气清新、阳光明媚、蓝天如洗，通透靓洁，乃泰国本地及欧美游客的度假胜地。一年四季均可享受海上摩托车、海上甜甜圈、海上浮板、浮潜等活动。抵达沙美岛后，您可换上最亮丽的泳装，我们亦体贴地准备了躺椅，让您做做日光浴，吹吹海风，享受悠闲的海岛风光，放松自我、忘掉一切世俗尘嚣，尽享这世外桃源给予的难得假期。晚餐安排于沙美岛上享用，让您一边用餐，一边欣赏沙美岛绮丽的星空朗月夜景，在此度过浪漫的夜晚，除此之外，沙美岛Pub、小酒馆林立，而且越夜越浪漫	早餐：酒店内 午餐：泰式风味餐 晚餐：沙美岛上餐食	汽车	Sai Kaew Beach 或同级
第3天	沙美岛—芭堤雅 晨曦迷漫、阳光轻抚面颊，享受一个没有Morning Call的怡然清晨，您尽管在舒适床上睡到自然醒。或者起个大早，让自己在最美的风景里优雅的享用早餐；或漫步到沙滩上欣赏沙美岛美丽的清晨景色，悠闲地在海滩上踏浪、漫步，尽情享受南国的热带海洋魅力。中午，驱车前往海滨度假胜地—芭堤雅，后前往【乡村俱乐部】（不少于60分钟），享受3合1休闲之旅：绿野踪踪"乘骑瑞象"；搭乘"欧式马车"在田野奔驰回归自然；趣味观赏"猴子明星学校"中大腕名角儿们的才艺大比拼。之后前往参观全新【英国宝妮小马俱乐部】，迷你宝马身高70~130厘米，它一般用作展览，迷你马比一般马更小、更可爱，但更难驯服，当然，别看它们个子不高，力气却一点都不小，背上骑着个七八十千克重的成人，依旧能健步如飞。在此乐园您可以观赏迷你马的表演，也可以骑上马背拍下它们可爱的模样留念。【沙漠罕见动物展览馆】，馆中汇集了沙漠罕见爬行动物馆之精华，走进这间模拟原生态饲养环境的沙漠罕见动物展览馆，您将会看到为长相奇形怪状的两栖爬行动物们准备的"游泳池"、沙滩、草坪、恒温箱等。在这里，所有的动物都没有经过人工驯化，全部尊重其在野生环境中自然取食的生活方式。随后入园内观看具有悠久历史的蒙古族传统体育项目之一的马术表演，其以动作优美惊险、扣人心弦而闻名中外。随后体验泰国【正宗古式按摩】（不少于90分钟）以解除一天的舟车劳顿	早餐：酒店内 午餐：绿光森林泰餐 晚餐：Miss Chilli自助餐	汽车	Crystal Palace 或同级

续表

日期	行程	用餐	交通	住宿
第4天	芭堤雅 早餐后，前往游览【东芭乐园】（不少于90分钟）。东芭乐园位于泰国旅游胜地芭堤雅附近，占地甚广。园内节目分三大部分：一是泰国的民俗表演让您领略泰国本土风情舞蹈、泰拳、斗鸡、婚俗典礼；二是大象表演则格外精彩，还能看到勤劳的小猴子，帮主人上树摘椰子；三是园林中种植了各种热带花卉、植物，让您美不胜收。之后参观【海底世界】（不少于45分钟），150多米的地下玻璃隧道水族馆，聚集了上千种太平洋海底水族和各种著名淡水鱼类；绚丽的颜色、灵动的身姿，犹如置身海底，叫人流连忘返；全新开幕的【Amazing Art 4D—神奇4D艺术馆】（不少于60分钟），这是非常有意思的艺术馆，是一个发挥创意拍照的地方；艺术馆的优点就是客人可以接触抚摸每张图画，能跟每张图画任意拍照，跟图画玩，拍起来感觉好像立体一样，每个都要发挥个人的想象如何跟图片一起拍，好像亲临其境，都很逼真，惊喜无限！随后前往芭堤雅【将军山】（不少于30分钟）登上山顶可饱览遥罗湾美景	早餐：酒店内 午餐：东芭韩式BBQ 晚餐：泰式自助餐	汽车	Crystal Palace 或同级
第5天	芭堤雅—曼谷 早餐后，前往【神殿寺】请佛保佑平安（不少于40分钟），泰国四面佛，人称"有求必应"佛，四尊佛面分别代表爱情、事业、健康、财富，它神奇的灵验不但受到泰国民众的信仰与尊崇，每天香客络绎不绝，香火鼎盛。途中前往【土特产店】（不多于40分钟）泰国各式土特产、泰国椰子糖、榴梿糖、香蕉片以及乳胶制品；之后返回曼谷。参观【皇家珠宝中心】（不多于120分钟）所展示宝石饰品具有ISO 9001国际品质认证，尤以红宝石和蓝宝石最为著名；继而驱车前往【三头神象博物馆】（不少于60分钟）全亚洲最大的神像博物馆，约16层楼高历时12年建成。"三头神像"由纯铜精雕而成，透过其象腿中的电梯即可通往象腹中的博物馆，去探索泰国象神文化的奥秘。博物馆周围泰式庭园，设计小巧别致，观后赏心悦目。晚上安排【金东尼人妖歌舞表演】（不少于60分钟）欣赏佳丽名媛们婀娜多姿、千娇百媚的演出，让您体验禅意悠悠的魅惑泰国之美	早餐：酒店内 午餐：泰式风味餐 晚餐：泰式特色餐	汽车	Hilton Sukhumvit Bangkok 或同级
第6天	曼谷 早餐后，前往参观【皇家御会馆】（阿南达沙玛空，逢周一闭馆，不少于45分钟）这是泰皇与皇后的阿南达沙玛空皇宫，接受祝贺登基60周年来自25个国家的国王及王室成员祝福的地方，会馆中珍藏了很多精工细琢、独具匠心、金光璀璨、宝石镶嵌的手工艺珍品和供品。随后前往【毒蛇研究中心】（不多于90分钟）观赏空手捉蛇表演，神奇的泰国蛇药一直享誉海内外、功效显著。后游逛曼谷市区最大的【免税中心King Power】（不多于90分钟）尽情选购国际名牌、世界精品。返回温暖的家	早餐：酒店内 午餐：泰式风味餐 晚餐：RAMAYAN国际自助餐	汽车 飞机	

续表

日期	行程	用餐	交通	住宿
第7天	曼谷/北京 搭乘凌晨航班返回北京，结束愉快的泰国之旅 参考航班：HU7996 01：40-06：30			
特别说明：以上酒店均为参考酒店，请以出团通知中的酒店为准。 （备注：此行程为旅游合同不可分割之部分，旅行社将严格按照行程执行。在不减少任何景点的前提下，旅行社、领队或导游可根据境外情况做顺序之调整，该调整不视为违约）					

泰国地接社信息：

地接社名称为××××；联系地址为××××；联系人为×××；联系电话为×××

中国驻外使领馆：

中国驻泰国大使馆

地址：57 Rachadapisake Road Huay Kwang，Bangkok 10310，Thailand

电话：（662）2457044

服务所含：

（1）泰国团队签证服务费（护照有效期6个月以上）。

（2）国际往返机票（经济舱，含机场税）。

（3）全程提供16座以上旅游巴士，专业司机。

（4）行程中所标明的4晚四星级双人标准间及1晚五星级双人标间酒店住宿及早餐，1晚国际5星级双人标间酒店住宿及早餐。

（5）行程中所标明的早、午、晚餐。

服务不含：

（1）境外服务费（具体请参照善意提醒部分）。

（2）个人办理护照费用、申请签证中准备相关材料所需的制作、手续费。

（3）出入境的行李海关课税，超重行李的托运费、管理费等。

（4）旅游费用包含内容之外的所有费用。

①一切私人费用。例如，交通工具上非免费餐饮费、洗衣、理发、电话、饮料、烟酒、付费电视、行李搬运、邮寄、购物、行程列明以外的用餐或宴请等；

②自由活动期间的餐食费及交通费。

（5）行程中未提到的其他费用，如特殊门票、游船（轮）、缆车、地铁票等费用。

（6）因个人原因滞留产生的一切费用。

（7）因气候或飞机、车辆、船只等交通工具发生故障导致时间延误或行程变更引起的经济损失和责任。

（8）行李在航班托运期间的造成损坏的经济损失和责任。

善意提醒：
【境外法规及风俗习惯】
（1）建议您出行带伞；携带防止晕车晕船的药品。

（2）在骑大象、钓鳄鱼活动中，请遵守驯象员及工作人员的口令操作，以免发生危险。

（3）于海滩涨潮退潮海中冲到岸上的东西是无人清理的；建议您最好不要到海里游泳，海中会有海蜇、珊瑚等，以免受伤。

（4）泰国有付小费的习惯，是国际礼仪之一是对服务人员工作的肯定与感谢，例如，搬运行李小费、酒店打扫小费、骑大象、坐马车、SPA 或按摩等。

（5）参加沙滩摩托等项目时，儿童需有父母多加看护，以防意外跌伤。

（6）泰国的年平均气温在 26℃~36℃，请注意防晒；在参观泰国大皇宫时请勿穿拖鞋、短裙、背心进入。

（7）泰国的酒店应环保需要一般须自备牙刷、牙膏、拖鞋；请根据自身身体状况自备常用药物。

（8）泰国酒店都可采用 220 伏及 110 伏特电源，使用时请注意。

（9）凡开通国际漫游功能的手机用户，在泰国均可正常使用。

（10）泰国法规规定每人只可携带烟 200 支、酒一升入境，如超出按泰国法规进行处罚。

（11）因收取境外服务小费为境外旅游的惯例，凡是办理泰国落地签的客人请您支付通关小费，收取标准为每人支付 100~200 泰铢，领队将代为收取。

（12）因收取境外服务小费为境外旅游的惯例，请您向境外服务人员（司机、导游）支付服务小费，收取标准为每人每天 30 元人民币，行程内共计 180 元 / 人。上述小费将由领队代为收取。

（13）东南亚各国均有付小费的习惯，是国际礼仪之一，如您认为服务人员表现优秀，您可自愿给予小费。搬运行李小费、酒店打扫小费等因地区及服务性质不同，可先参考导游意见，再判断支付小费的多少。

【保险】
（1）游客应参加旅行社组织的行前说明会，出行前请确保游客自身身体条件能够完成旅游活动。旅行社建议游客在出行前根据自身实际情况自行选择和购买旅行意外伤害保险或旅行境外救援保险。

（2）旅游意外伤害险或救援险承保范围不包括以下情况，请游客购买前咨询相关保险公司。

①游客自身带有的慢性疾病；
②参加保险公司认定的高风险项目，如跳伞、滑雪、潜水等；
③妊娠、流产等保险公司规定的责任免除项目。

【购物退税】

（1）泰国对商品定价都有严格管理，同一国家内同样商品不会有较大价差。但各国之间会存在差别，请您仔细做好攻略后谨慎购买，我们无法承担退换差价的责任。

（2）购物活动参加与否，由旅游者根据自身需要和个人意志，自愿、自主决定，旅行社全程绝不强制购物。如旅游者不参加购物活动的，将根据行程安排的内容进行活动。除本补充确认中的购物场所外，无其他购物店。

（3）游客在本补充协议约定的购物场所购买的商品，非商品质量问题，旅行社不协助退换。

（4）游客自行前往不在本补充协议中的购物场所购买的商品，旅行社不承担任何责任。

（5）如遇不可抗力（天气、罢工、政府行为等）或其他旅行社已尽合理注意义务仍不能避免的事件（公共交通延误或取消、交通堵塞、重大礼宾等），为保证景点正常游览，旅行社可以根据实际需要减少本补充协议约定的购物场所，敬请游客谅解。

（6）退税说明：退税手续及流程均由国家控制，经常会出现退税不成功、税单邮递过程中丢失导致无法退税等问题，我们会负责协调处理，但无法承担任何赔偿。另外，游客未能退税，旅行社不承担任何责任；如果因为个人问题（如没有按照流程操作、没有按照流程邮寄税单）或者客观原因（如遇到海关退税部门临时休息、海关临时更改流程、税单在邮寄过程中发生问题导致商家没有收到税单等）在退税过程中出现错误，导致被扣款、无法退钱、退税金额有所出入等情况，旅行社和导游仅能协助您积极处理，并不能承担您的损失，敬请理解。

【安全事宜】

（1）境外游览时请注意人身安全和财产安全。整体治安相对较好，但某些国家也存在治安隐患，尤其景区、酒店大堂、百货公司、餐厅等游客聚集的地方更是偷窃行为多发地，请游客务必随同导游并注意结伴而行，在游玩过程中，时刻注意自己随身携带的物品安全。

（2）乘坐交通工具时，现金、证件或贵重物品请务必随身携带，不应放进托运行李内；外出旅游离开酒店及旅游车时，也请务必将现金、证件或贵重物品随身携带。因为酒店不负责客人在客房中贵重物品安全，司机也不负责巴士上旅客贵重物品的安全，保险公司对现金是不投保的。

【货币兑换及时差】

（1）在泰国使用货币以泰铢为主，人民币与泰铢的比值是1:5左右，泰铢在泰国机场或泰国市区各大商场、酒店附近均可换取，另建议携带一张国际信用卡出行。

（2）泰国与中国有1个小时时差，泰国比北京时间晚1小时（机票及船票上时间均为当地时间）。

【风险提示】

（1）游客需对其本人身体状况是否适合本次旅游负责，另外应加强安全防范意识、服从安排、听从劝告。特别是在从事海边、泳池游泳、潜水、漂流等危险活动时，应根据自身身体情况决定运动时间、运动量，避免意外溺水等意外事件的发生，以确保您自身的人身安全问题，避免发生意外事故。

（2）游客在自由活动期间应确保自身的人身和财产安全，如游客在自由活动期间欲从事任何有危险因素的活动时（如游泳、潜水、漂流等），一定要注意安全，在不能确定是否安全时，最好不要从事此类活动。

（3）旅游期间财物请随身保管，车上不可放贵重物品，自由活动期间注意安全，证件最好交酒店保险箱寄存；如发生意外事故，请游客及时与领队联系，以方便旅行社组织救援或调整计划，并协调配合处理相关事件。如因不听从劝告擅自从事危险活动（如游泳等）及自由活动期间发生意外事故，责任由游客自行负责。

关于拒签、行前取消等特别约定：

（1）旅游者的下述行为亦视为解约，应当按照旅游合同"旅游者解除合同"的规定承担责任：

①持非因私护照、自备签证、因私护照无效或有效期不足6个月等原因造成无法出行的；

②以家庭或单位名义参团，因部分成员被拒签或被拒绝出境而其他已出签成员自行取消出行的，以及未满18周岁的旅游者已出签但因同行任一监护人被拒签或被拒绝出境而无法出行的。

（2）我社保留因航空公司机位调整、签证、汇率、燃油附加费上涨及不可抗力等原因推迟或调整行程及出发日期的权利，同时由于最近航空公司涨税比较频繁，我社有权凭借航空公司的涨税通知收取税收差价。

（3）如持非中华人民共和国护照的客人在国内参团往返，请务必自行确认是否免签及跟团出境后团队返回时能再次入中国境内；如因客人原因不能出入境的，损失由客人自理。

（4）如旅游者报名参加最低舱位旅游产品后在行程开始前要求取消的，旅行社将按照2014年国家旅游局和国家工商行政管理总局联合发布的新版旅游合同收取标准收取取消费用；如2014年新版旅游合同收取标准取消费金额不足1000元的，将按照1000元收取。

（5）如旅游者报名参加最低舱位以上档级旅游产品在行程开始前要求取消的，旅行社将按照2014年新版旅游合同约定收取取消费。

备注：

（1）是否给予签证、是否准予出入境，为有关机关的行政权力。如因游客自身原因或因提供材料存在问题不能及时办理签证而影响行程的，以及被有关机关拒发签证或不准出入境的，相关责任和费用由游客自行承担。

（2）因不可抗拒的客观原因和非旅行社原因（如天灾、战争、罢工、政府行为等）或航空公司航班延误或取消、使领馆签证延误等特殊情况，旅行社有权取消或征得旅游者同意后变更行程，一切超出费用（如在外延期签证费、食住及交通费、国家航空运价调整等），旅行社有权追加差价。由于团队行程中所有住宿、用车、景点门票等均为旅行社打包整体销售，因此若游客因自身原因未能游览参观的则视为自动放弃，旅行社将无法退费用。泰国酒店没有官方公布的星级标准，没有挂星制度。行程中所标明的星级标准为泰国当地行业参考标准，普遍比国内略差一点；国外度假村是根据规模大小、地理位置及配套设施来定价，无星级参考标准。

上述行程安排仅为暂定内容，最终出团时间及安排以旅行社出团前提供的《出团通知》和最终版行程单为准。

关于自费项目及购物活动约定：

此次旅途中，除了在行程里已经安排的游览内容之外，特向您推荐以下别具特色的游览项目，这些项目会帮助您深度体验当地的人文风情和独特魅力，为您的旅行增添更多的乐趣。另外，向您推荐当地具有代表性的购物场所，这些购物场所将满足您的购物需求。

请您根据自身喜好和真实意愿进行选择，我社不强迫或未经您的允许擅自安排相关活动，否则您有权拒绝。如在境外的自由活动时间里，您根据个人的喜好和意愿，选择参加我社推荐的自费游览项目或购物场所的，在得到您的允许后，我们的领队将为您做详细的介绍和安排，请您与领队进行最终确认，如发生纠纷，我社将把您境外签字确认的文件作为处理依据，以保证您的权益。欢迎您向领队咨询，我社将为您提供周到的服务和帮助。

特别说明：

（1）但若因天气、当地交通、参加人数等客观原因，部分自费项目如不能安排，望您理解。

（2）自费项目一旦确认参加并付费后将无法退款；确认参加的，请您务必将签字确认文件交给领队，以保证您的权益。

（3）购物时请您审慎选择商品、看清商品价格、质量等重要信息，以避免造成不必要的损失。

第一部分：自费项目推荐

城市	项目	内容	所含服务
芭堤雅	泰式精油SPA（不少于90分钟）	泰国SPA结合古代泰国王朝流传下来的古法按摩，如云端般轻、柔、缓的指法，揉压每个穴道，完全无疼痛，只有通体舒畅的感觉。现正流行的精油SPA按摩，其精油经过天然提炼的植物加入清香药草调配，才能真正在按摩达到加乘疗效，恰好的香气也不会造成嗅觉负担。常见的精油有：薰衣草、甜柳橙、花梨木、依兰（香水树）、茶树、佛手柑等。涂抹精油时用量较大，按摩师会仔细均匀地施力，约2.5秒就能逐渐被皮下组织吸收，所以按摩结束后的皮肤完全不油腻，只有白、净、亮	酒店至目的地往返接送、整套SPA费用及司机导游服务费（温馨提示：需自理小费50~100铢/人、12岁以下小童因骨骼未长成形，不安排按摩。具体根据当时情况由导游安排为准。行程安排所列时间会有偏差，敬请谅解）
	海鲜大餐	在岛上享用与众不同的丰富口味的海鲜餐	
	皇帝餐（燕窝+鱼翅+红蟹粉丝餐）	鱼翅是鲨鱼的鳍经干制而成，具有益气、渗湿行水、开胃进食、清痰消淤积、补五脏长腰力、益虚痨的功效；燕窝具有养阴润燥、益气补中、治虚损功效，适宜于体质虚弱、营养不良、久痢久疟、痰多咳嗽、老年慢性支气管炎、支气管扩张、肺气肿、肺结核、咯血吐血和胃痛病人食用	包括：椰子燕窝一份；鱼翅砂锅一份；红蟹冬粉一份。服务为酒店至目的地往返接送、整套皇帝餐的费用，以及司导服务费
	暹罗公主号	夜游太平洋暹罗湾，在暹罗公主号上联欢，海上餐点火锅夜宵，啤酒饮料无限量供应，船上喝啤酒比赛，让您回味无穷	含接送含导游司机小费
	按摩加钟半小时（不少于30分钟）	泰式按摩加钟半小时，尽情享受按摩带来的舒缓与放松，解除一天舟车劳顿的疲乏和辛苦	含接送含导游司机小费
	金三角异域风情园（不少于60分钟）	占地五万多平方米的【金三角风情园】，内容包括泰北民族村、93师博物馆、孤军装备室、毒品与战争纪念馆等，让您更了解神秘金三角和国民党93师离奇历史	含接送含导游司机小费
	富贵黄金屋	这座泰国的"流星花园"亦是泰国十大富翁之一的私人庄园，整座建筑耗资巨大，格调气派非凡，也可以称得上艺术宫殿，精工细琢的雕刻显示能工巧匠的智能，由五彩定石镶嵌的手工业品透露着非凡的价值；乘游览车欣赏庄园景致美丽无限	含接送含导游司机小费
	芭堤雅热带水果园+时果任吃到饱	参观芭堤雅热带水果园，无限畅食不同种类的时令新鲜果实，诸如榴梿、山竹、红毛丹、莲雾、火龙果、番石榴、杧果……绝对让您吃到爽	含接送含导游司机小费

第二部分：购物场所推荐

城市	购物店名称	主要商品	停留时间
曼谷	珠宝中心	红宝石、蓝宝石、水晶等珠宝饰品	不多于 120 分钟
曼谷	皮革名产中心	珍珠鱼皮制作而成的皮包、皮带、皮夹、钥匙圈、钥匙包、笔记本等	不多于 90 分钟
曼谷	毒蛇研究中心	蛇药以及饲养员从蛇的毒牙上提取毒液等精彩表演	不多于 90 分钟
曼谷	King Power 免税店	免税商品	不多于 90 分钟
芭堤雅	土特产店	泰国各式土特产、袋装泰国椰子糖、榴梿糖、香蕉片及乳胶制品	不多于 40 分钟
芭堤雅	神殿寺	佛像制品	不多于 30 分钟

任务分析

行程计划包含了旅游接待的全部过程，领队人员在接待工作中必须按照行程计划来开展工作。在接到出境带团任务后，领队应该根据行程计划中的相关信息，及时掌握行程安排和细节要求，掌握行程内主要游览项目的基本情况，熟悉目的地概况、通关规定、民族禁忌、治安、退税等注意事项。

完成任务

（1）学生根据出境旅游行程单，找出出境旅游与国内旅游的主要区别，并对出境旅游团队行程的重点和节点进行归纳。

（2）课堂分享领队工作的重点和难点，尝试提出领队带团可能发生的各种问题。

（3）教师通过学生完成任务的情况进行综合考评。

方法与步骤

（1）熟悉团队行程。团队行程是基于旅游者需求与旅行社产品达成的共识，是组团社与游客签署旅游合同的核心内容，也是组团社与境外地接社履行旅游接待任务的指南和依据。出境旅游领队是在具有出境经营许可的组团社委派下，接受带团任务，全权代表组团社进行带团工作。领队在接到带团任务后，通常是与组团社计调或后台操作人员（Operator，OP）进行业务对接，听取 OP 对此团队的详细介绍及带团要求，掌握旅游团队和行程情况。

（2）初拟接待方案。领队在对团队行程进行阅读学习的基础上，模拟团队运作流程，初拟接待方案。对不熟悉或不清楚的环节，特别是重要的时间节点和核心活动，既可以通过书本和网络知识及时完善，也可向 OP 或者其他经验丰富的资深领队虚心讨教，做到出团前对所有行程环节都了然于胸。

【知识链接】

北京××国际旅行社《亚洲出团旅游须知》

尊敬的团员朋友：

您好！感谢您参加北京××国际旅行社组织的"曼妙泰国—曼谷沙美岛芭堤雅7日闲适之旅"，为了方便您的顺利出行，我社特别印制了《亚洲出团旅游须知》，请您务必仔细阅读以下内容。

一、出发前准备

◎旅行证件：为了您的出行方便，请务必随时携带半年以上有效期因私护照原件，以便您在北京出境，如需在境外做落地签还要准备2寸白底照片1张。

◎行李：航空公司规定，每位旅客限定托运行李一件（挂行李牌，标姓名地址）重量按航空公司规定，超重须付费。在托运行李前，请仔细检查行李是否封闭锁牢，贵重物品随身携带。收到托运行李后一定要将上面的旧条子撕去，防止下次托运行李时引起误会，导致您的行李运错地方。旅行社不负责行李及物品丢失的相关责任。

◎着装：准备衣物要根据季节的变化而定，泰国属于热带海洋性气候，常年28℃~35℃，昼夜温差小，夏季雨水较多，天气要比北京湿热，所以游客的旅行着装应以轻便舒适为主，带T恤衫、短裤、长裤，要做好防晒措施，避免阳光晒伤；建议在飞机和旅行车上准备长衣，因为空调较凉，飞机飞行时间长，旅游车外较热，温差大；芭堤雅水上活动很多，如漂流、香蕉船、冲浪，所以千万不要忘记带好泳衣、泳裤。游泳时请一定要注意安全，国外酒店与国内酒店不同，一般无人值守，如遇身体不适、刚吃完饭后，不要游泳，游泳前一定要通知领队及导游，并注意游泳池旁边的相关提示。

◎应带物品：出团时请自备牙具、拖鞋，因按国际惯例常规酒店不配备此类物品，主要是为环保及个人卫生。雨伞、胶卷、太阳镜、护肤品、风油精等日用品也请自备，在国外价格较贵。酒店内备有拖鞋的，请离开时不要带走。

◎自备药物：旅客应准备少量自己惯用的药物，以备急需之用，如抗高血压、心脏病、胃病或糖尿病等方面的药品。

◎货币：在芭堤雅使用货币为泰铢，人民币与泰铢的比值为1:5左右，建议换泰铢就可以，携带一张国际信用卡出行。

◎时差：泰国和中国有时差，泰国芭堤雅比中国北京慢1小时（集合、机票及船票上时间均为当地时间）。

二、出入境须知

◎在北京团队出境有领队随行，由领队协助您在北京首都机场办理登机手续，在托运行李的时候请把行李直接托运到泰国，您一定要保存好您的行李票，客人需带好自己的随身行李及贵重物品按照登机牌上的登机口前往登机。

◎飞机降落在曼谷国际机场，从这里办理入境手续，进入泰国。

◎入境时要向移民局出示护照、签证以及在机上填妥的入／出境卡片（领队协助填好）；移民局在护照上加盖印章，并将入境卡剩余部分订在护照上，入境手续就办完。

◎移民局偶尔也会要求旅客出示机票，并询问入境目的、停留期间等有关问题。

◎入境后请您保存好泰国的入境卡的附联，以便出境时使用。

◎入境后前往相应行李传送带处提取行李，提取行李后，经过海关的正常行李检验即可正式进入泰国了。

◎出境检查：在离境检查口出示护照及入境卡附联，移民局收回入境卡附联并在护照原件盖上出境章就算完成。

◎出境检查结束后，旅客到所要搭乘的航班候机室等候登机。

三、交通须知

◎全程飞机行驶中不允许用手机、不允许吸烟，否则将受法律诉讼；飞机上用餐视为正餐。

◎北京直飞曼谷约5小时。

◎按照国际惯例，司机开车时间不得超过8小时／天，每天必须有至少9小时休息。

◎旅游车上禁止吸烟，喝汽水及吃带果皮的食物、冰激凌等。果核请用纸包好放入垃圾桶，直接吐入被视为不雅和蔑视，可能会引起误会；在旅游车上，不要光脚踩在前面座椅的背部。

◎旅游车在行驶途中，切勿随意走动，因此而造成的伤害，司机均不负责。

◎在行程中客人要特别注意保管好各自的财物。

◎请不要在托运的行李中放现金、首饰及其他贵重物品，因一旦行李丢失，上述物品均不在赔付范围之内；另外根据航空公司惯例，名牌行李箱或价格昂贵的行李被损坏或丢失，按普通箱补偿，不另价作赔偿（另上保险的除外）。

◎泰国交通与国内不一样，为右舵驾驶，过路先看左再看右。

◎航空公司规定团队机票出票后不予退票，如遇非本社原因出票后退票，恕不退款。

四、酒店须知

◎各地酒店，均订当地标准星级的酒店（注：国外酒店与国内酒店标准会有差异），尽量按照预先提供的需求订房，以双人标准间为基本预订需求。

◎旅客在酒店的额外费用（除房费、早餐外），如长途电话、洗理、饮品及行李搬运费等均自理。

◎酒店电视上凡有"Pay"或"P"均为付费频道。

◎我社在泰国预订的酒店房间内备有热水壶，一般在Mini吧的柜子里，冰箱里的饮料等饮用均需付费。

◎泰国无须转换插头。

◎酒店房间内有保险柜，请读懂或请领队协助看懂保险柜的使用和密码设置方法，并牢记密码，不要忘记退房时将物品取出。

◎泰国芭堤雅各酒店应付行李搬运员、房间服务员等最少20铢小费。

五、餐食须知

◎泰国与我们的生活习惯差别比较大，一般饮食水平不可与家里相比，主要是环境、物价、生活习惯的差异所致，因此请您入乡随俗。

◎按照国际惯例，机场候机时用餐自理。

◎身边最好经常准备少量的食品和饮用水，以备之需。

六、导游须知

◎导游司机工作之余并没有义务陪同旅客外出，要求额外服务须征得当地导游司机的同意并付额外费用。此外，非旅行社安排的外出，如出现事故，旅行社不承担相关责任，如要外出请一定注意安全。

◎客人应尊重并配合导游司机的工作，以便行程的顺利进行。

七、公共卫生及礼仪须知

◎在公共场所不可随地吐痰，丢杂物和烟头。

◎任何场合不可旁若无人地高声说话和喧哗。

◎餐厅内是禁烟的，最好不要在餐厅内吸烟，以免影响其他游客用餐。

八、购物须知

◎旅行社不指定具体购物场所，购物属于您个人行为，您购买商品之后请仔细地检查商品的质量。若回国后才发现质量问题，无论是更换还是退还商品都会手续烦琐。具体情况不一，能否实现更换或退还也要视具体情况而定。

九、小费须知

泰国有付小费的习惯，是国际礼仪之一，如您认为服务人员表现优秀，您可自愿给予小费，是对服务人员工作的肯定与感谢。例如，搬运行李小费、酒店打扫小费等因地区及服务性质不同，可先参考导游意见，再判断支付小费的多少。

十、友情提示

◎参加水上活动项目和上下船时，儿童需有父母多加看护，老人要格外注意安全扶手等设施，以防意外跌伤。

◎建议您携带防止晕车晕船的药品。

◎出行行李自检（以下仅就一般需要列表，如果有特殊习惯之游客，请务必将您所需物品带上，以免境外若无法购买给您造成不便）。

证件及重要物品类：

护照	请随身携带
泰铢/人民币	请准备些小面值纸币及零钱，以便支付小费及其他小额支出，泰铢建议在境外和导游兑换
信用卡	国际信用卡或有银联标志的信用卡
备忘录	请记录好领队姓名电话，以及您的护照号码等重要信息

衣物类（请根据当地温度酌情准备）：

薄外套	飞机和旅游车及室内外温差大
厚外套	以备突如其来的风寒之用或出发或返回的旅途中以备不时之需
换洗衣物	请根据个人需要准备

洗漱用品：

牙膏、牙刷	酒店一般不提供，请您自备
洁肤用品	请您自备洁肤用品、防晒霜

其他生活用品：

药品	请自带感冒药、肠胃药、退烧药等您所必需的药品
雨具	建议携带折叠伞等雨具
照片	若遇护照遗失时，可做补办证件使用（1张）
照相器材	小型、便携式为宜
电池、充电器	境外购买电池价格较高，且不易购买到合适型号的
拖鞋	酒店内无拖鞋提供，需自带
便鞋	以柔软、舒适为原则，切忌穿新鞋
太阳镜	防晒使用

十一、中国民用航空总局最新安检规定

中国民航总局发布了新的《中国民用航空总局关于限制携带液体物品乘坐民航飞机的公告》，对乘坐国际、地区航班旅客执行"国际民航组织（ICAO）指导原则"，自2007年5月1日起实施，具体规定如下。

◎乘坐国际、地区航班的旅客（含国际中转国际航班旅客），行李中的液体都须经过严格的检查，除了检查是否属违禁品以外，旅客的手提行李中携带的液体物品，须遵循安检的要求。

◎容积要求：每位旅客随身携带的液体物品须盛放在容积不超过100毫升的容器内。对于容积超过100毫升的容器，即使该容器未装满液体，亦不允许随身携带，应办理托运。

◎包装要求：每位旅客所有的液体容器应宽松地放置于最大容积不超过1升、可重新封口的透明塑料袋中，塑料袋应完全封好（机场安检处可免费提供）。每位旅客每次只允许携带一个透明塑料袋，超出部分应办理托运。

◎液体物品包括：水和其他饮料、糖浆类；面霜和润肤油类；香水类；喷雾剂类；洗发水、浴液类；剃须液、其他泡沫和防臭剂类；牙膏类；睫毛膏类；以及其他的任何类似物品。

◎特例药品类：随身携带的液体中如有特殊疾病必须随身携带的药品（如心脏病病人随身携带的药物）和婴儿食品，凭医生处方或者医院证明，经安检确认无疑后，可适量随身携带，容积及塑料包装袋要求可不执行上述规定。

◎安检前后注意事项：任何液体物品在过安检前请不要打开封装塑料袋，否则将被没收；如果在任何欧盟国机场转机，转机安检前也请不要打开塑料袋，否则同样将被没收。

十二、安全须知

◎现金、证件或贵重物品须随身携带，不应放进托运行李内，也不应在外出旅游时留在酒店或放在旅游车上。

◎酒店不负责客人在客房中贵重物品安全，司机也不负责巴士上旅客贵重物品的安全，注意现金是不投保的。

◎外出注意扒手，博物馆、酒店、大堂、百货公司、餐厅等人多的地方，是小偷经常光顾之地，切勿暴露财物在大庭广众之中。

◎晚上外出应该结伴而行。

◎在自由活动期间，如果游客愿意参加自费项目的，则请游客务必选择领队推荐的〈自费项目一览表〉内的内容安排自己的活动，勿听信于他人或酒店内部及其前台下发的小广告，旅行社不对游客参加的自费项目活动负担任何责任。

十三、保险须知

◎我社为您推荐的保险是"旅行意外伤害保险"。

◎如果客人在旅途中遭受意外伤害或急性病而需要医疗、救护服务时，请客人先行支付医疗费用并务必保管好所有相关医疗单据，以便回国后自行向保险公司索赔（保险金额参见保险条例中的规定）。

◎根据法律及旅游合同规定，旅行社可以协助客人向保险公司索赔，但旅行社本身并不能代替客人办理此事，更不承担赔偿的责任。

十四、责任

◎本次旅游是集体活动，集体出发、集体返回，请遵守时间，准时于约定时间集合，任何人不得逾期或滞留不归。

◎参加本次旅游的旅客，所持护照均为自备因私护照，出入境如遇到问题而影响行程，由此引起的一切损失（包括团费），均由客人自负。

◎旅游期间遇到特殊情况如交通，天气等原因，本公司有权增减或更改某些行程和旅游项目，旅客不得有异议。

◎由于不可抗拒的原因，如政变、罢工、水灾地震、交通意外等所引起的旅游天数和费用的增加，本公司将按实际情况向旅客予以收费。

◎游客需对其本人身体状况是否适合本次旅游负责，另外应加强安全防范意识、服从安排、听从劝告。特别是在海边、泳池游泳、潜水、漂流等从事危险活动时，应根据自身身体情况决定运动时间、运动量，避免意外溺水等事件的发生，以确保您自身的人身安全问题。

◎旅行社对于游客参加活动时因个人因素和不可抗力因素以及第三方原因造成的事故和伤害不承担法律、经济和医疗责任，由游客自负；游客承诺如因个人因素和不可抗力因素以及第三方原因造成的事故和伤害，将不追究旅行社的任何民事、经济和医疗责任。

◎如已发生意外事故，请游客及时与领队联系，以方便旅行社组织救援或调整计划，并协调配合处理相关事件。如因不听从劝告擅自从事危险活动（如游泳等）及自由活动期间发生意外事故，责任由旅行者自行负责。

◎建议客人不要到离岸较远的海里游泳，海中会有海蜇、珊瑚等；酒店的游泳池没有人看护，发生意外事故，责任由旅行者自行负责。

◎游客应详细阅读此《出团通知》，并且遵守其规定和要求，并承担因不遵守以上规定和要求而引起的相关民事经济责任。

如需了解更多出游信息，欢迎登录××旅游网查询，谢谢！

祝您一路平安！旅途愉快！

【技能拓展】

旅游意外伤害险

旅游意外伤害险，即旅游意外险，是指若被保险人在保险期限内，在出差或旅游的途中因意外事故导致死亡或伤残以及保障范围内其他的保障项目，保险人应承担的保险责任。旅游意外伤害险的保费一般是按天计算的，在每天10元到100元之间，基本保障范围涉及旅行过程中的意外人身伤害（身故或者残疾）或者意外医疗费用及其他相关的合同约定的保险责任等。

旅游意外伤害险实际上就是短期的意外伤害保险，只要符合保险合同约定的保险事故，无论是由于旅行社的责任、个人过失，还是由于其他各类突发事件，被保险人都可以获得保障。游客可以根据出行情况来选择购买适合境内或境外的旅游意外险。旅游意外险的优势在于保费低，保障高，承保期限可自由选择。

一、保险责任

在旅游意外伤害险合同保险责任有效期内，保险公司承担下列保险责任。

（1）意外身故保险责任：若被保险人因遭受意外伤害，且自意外伤害事故发生之日起180日内，因该意外事故导致身故，按合同约定的保险金额给付意外身故保险金，同时本合同对该被保险人的保险责任终止。在给付意外身故保险金前，如该被保险人已领取过意外残疾保险金，保险公司将从给付的意外身故保险金中扣除已给付的意外残疾保险金。

（2）意外残疾保险责任：若被保险人在保险合同的有效期内因遭受意外伤害事故，且自意外伤害事故发生之日起180日内，因该意外事故导致身体残疾，保险公司根据人身保险残疾程度与保险金给付比例表（以下简称"比例表"）的规定给付意外残疾保险金。被保险人仍需继续接受治疗的，本公司根据被保险人在第180日时的身体状况，对其进行残疾鉴定，并据此给付意外残疾保险金。

被保险人因同一意外伤害事故而导致一项以上身体残疾的，保险公司给付比例表内所对应残疾项目保险金之和。若不同残疾项目属于同一手或同一足，保险公司仅给付其中较高一项的意外残疾保险金。

若被保险人身体残疾的程度并未载明于比例表内，保险公司参照比例表内相类似的残疾项目给付"残疾保险金"。若被保险人身体残疾的程度低于比例表内的第七级残疾的，保险公司不承担保险金给付责任。

保险公司对同一被保险人所负的残疾保险金给付责任最高以保险合同约定的保险金额为限，若保险公司累计给付的意外残疾保险金达到保险金额时，保险合同对该被保险人的保险责任终止。

（3）意外医疗保险责任：被保险人在合同有效期内因遭受意外伤害事故在保险公司指定或认可的医院治疗，或在就近医院抢救（被保险人病情稳定后须转入保险公司指定或认可的医院治疗），保险公司对被保险人自意外伤害事故发生之日起180日以内所支出的合理医疗费用，在扣除100元以后按90%给付意外医疗保险金。被保险人不论一次或多次发生意外伤害保险事故并接受治疗，保险公司给付的意外医疗保险金累计不超过保险合同约定的保险金额。被保险人因他人责任造成伤害而引起的医疗费用中依法应由他人承担的部分，保险公司不负给付医疗保险金的责任。

若因意外伤害所致医疗费用可从其他福利计划或医疗保险计划（包括社会医疗保险中从个人医疗账户中扣减部分）取得部分或全部补偿，保险公司仅负责补偿剩余部分，并以保险金额为限。

若被保险人于中国境外、台湾、香港、澳门地区发生意外伤害事故所致的各项医疗费用均参照国内当地医疗机构同等诊疗标准进行给付；但必须提供当地使领馆或法律上认可的机构出具的保险事故性质确认文件。

二、保险期间

（1）入境旅游的保险期间自被保险人入境后参加旅行社安排的旅游行程时开始，至该旅游行程结束时止。

（2）国内旅游保险的期间自被保险人在约定时间登上由旅行社安排的交通工具开始，至该次旅行结束离开旅行社安排的交通工具止。

（3）出境旅游的保险期间自被保险人通过中国海关出境始，至相邻下一次通过中国海关入境止，计为一次旅行。

（4）被保险人自行终止旅行社安排的旅游行程，其保险期间至其终止旅游行程的时间止。

三、投保事项

（1）投保范围：中华人民共和国境内的旅行社组织的旅游团队的全体成员，包括旅游者及旅行社派出的为旅游者提供服务的导游、领队人员，均可作为被保险人参加本保险。

（2）具有完全民事行为能力的被保险人本人或对被保险人具有保险利益的其他人可作为投保人。

四、投保方式

（1）消费者可到专业保险公司销售柜面购买：填写投保单，保险公司收具保险费后出具保险凭证，保险生效。

（2）消费者还可以通网上在线投保。消费者在网上完成填写投保信息和付费，保险公司出具电子保险凭证通过电子邮箱或短信发送给客户，保险生效。

（3）消费者可以联系有资质的保险代理人购买。很多消费者都有为自己服务的保险代理人，消费者可以通过这个代理人购买。

（4）还可以通过有资质的代理机构购买：很多保险公司将系统终端装置在代理机构，客户提供投保信息并向代理机构交付保险费后，代理机构通过保险公司系统打印保险凭证给消费者，保险生效。

五、注意事项

（1）如实填写投保单。网上填写投保单一定要正确填写以免因为填写了错误信息而是保险公司在出险时拒赔，造成不必要的损失。

（2）看清保险条款。很多投保人只知道旅游团代理投保了旅游险而不知投保险种的责任范围，没弄清楚就糊涂投了保。

（3）并非保得越多越好。选择一定数量的保险险种投保，自然有了更多的保障；但是，旅游医疗险种是补偿性险种，保多了形成超额保险，多交保费就不明智了。

（4）出了事故应及时通知。《保险法》第二十一条规定：投保人、被保险人或者受益人知道保险事故发生后,应当及时通知保险人。因此出现事故后应及时报案。

六、投保误区

(1)误区一:旅行社投保就行。其实,旅游责任险只为旅行社因疏忽或过失所需承担的经济责任埋单,而游客本人发生的意外事故则不在承保范围内。

(2)误区二:出险后能全额赔偿。旅游出险后不一定都能得到保险公司的全额赔偿,保险专家说,人身意外保险所约定的保险金额只是保险公司承担给付的最高保险金限额,而非实际给付金额,除航空事故能得到最高赔付金额外,其他人身意外保险都是按比例赔付。

(3)误区三:保额越高越好。其实,境外旅游保险的保额并非越高越好,保险专家说,到美国、新加坡、日本等医药费较高的国家旅游,医疗险的保额最好不要低于20万元;而到泰国、马来西亚等国家旅游,如果行程较短,医疗险的保额在10万元左右即可。

(4)误区四:保险期间可以少于出行时间。很多人认为,保险期间多一天浪费,少一天也没什么关系。其实,这种短期旅行保险本身保费很便宜,保险期间多固定为7天、10天或者15天不等,也有些产品的保险期间可以根据出行天数自行选择。保险期间如未完全覆盖到旅行期间,会出现某段出行时间是没有保障的。本着珍爱生命的原则,旅游保险的保险期间应大于等于出行时间,不能少于出行时间。

【思考与练习】

1. 阅读"知识链接"和"技能拓展"材料,列举领队工作的重要节点。
2. 以泰国旅游为例,整理出境旅游游客注意事项。

任务三　熟悉团队情况

📋 任务描述

小张从 OP 那里拿到此次出境旅游团团员信息资料表，表格上有团员的基本信息。从这份名单表中，小张可以读到些什么内容？需要特别注意哪些细节？

游客信息资料表（样表）

序号	中文姓名	汉语拼音	性别	出生日期	护照号码	护照有效期	签证号码	联系方式	备注
1									
……									
20									

➡ 任务分析

游客信息资料表对领队工作来讲是十分重要的文件，因为它在第一时间让领队熟悉出境团队的基本情况，对团队接待工作中的细节有所把握。

完成任务

（1）学生分组模拟设计《游客信息资料表》，并分析团队构成情况，提出接待重点。

（2）根据分组设计的团队情况，学生分组交叉完成接待重点并进行课堂汇报和讨论互评，梳理团队构成与领队接待任务的关系。

（3）教师通过学生完成任务的情况进行综合考评。

☞ 方法与步骤

（1）根据《游客信息资料表》整理和统计团队构成情况，比如，从性别栏统计男女人数与比例，从出生日期统计年龄分布、高龄老人、低龄儿童、行程中是否有 VIP 游客和过生日的游客，从护照有效期大致判断游客是否有出国旅游经历，从备注栏信息分析游客关系、住房和餐饮要求等细节。

（2）听取旅行社 OP 对团队构成、特别安排和特殊行程的详细介绍，确认每个环节都清楚明白。

（3）拟定团队接待中领队和地接导游必须重视的项目，对重要团员和特别要求提出接待预案，对在接待方式和接待标准方面不清楚的地方及时向 OP 反馈，经商讨后形成共识。

（4）根据团队构成和游客预订要求，初拟团队分房表。

【知识链接】

《中国公民出国旅游管理办法》（2002）相关条款

第七条 国务院旅游行政部门统一印制《中国公民出国旅游团队名单表》（以下简称《名单表》），在下达本年度出国旅游人数安排时编号发放给省、自治区、直辖市旅游行政部门，由省、自治区、直辖市旅游行政部门核发给组团社。

组团社应当按照核定的出国旅游人数安排组织出国旅游团队，填写《名单表》。旅游者及领队首次出境或者再次出境，均应当填写在《名单表》中，经审核后的《名单表》不得增添人员。

第八条《名单表》一式四联，分为：出境边防检查专用联、入境边防检查专用联、旅游行政部门审验专用联、旅行社自留专用联。

组团社应当按照有关规定，在旅游团队出境、入境时及旅游团队入境后，将《名单表》分别交有关部门查验、留存。

《中国公民出国旅游团队名单表》（样表）

组团社序号：　　团队编号：　　年份：【公民出国旅游团队专用　　条码区】
领队姓名：　　领队证号：　　编号：

序号	姓名 中文	姓名 汉语拼音	性别	出生日期	出生地	护照号码	发证机关及日期
领队							
1							
……							
20							

年　月　日由　　口岸出境	总人数：　　（男：　　人；女　　人）
年　月　日由　　口岸入境	

授权人签字：	旅游行政管理部门	边检检查站
		加注（实际出境　　人）
组团社盖章	审验章	出境验讫章

旅游路线：
组团社名称：　　联络人员姓名及电话：
接待社名称：　　联络人员姓名及电话：

【技能拓展】

出境旅游领队的作用

一、领队是完成旅行社出境旅游团队运作的重要环节

领队是旅行社出境旅游业务能否顺利进行的关键，旅行社的路线产品生产和销售程序链包括策划创意、产品制作、广告销售、成团操作、反馈修正等，而领队是旅行社出境旅游业务中重要的螺丝钉，领队的言行影响着游客对旅行社和旅游产品的看法和态度，直接影响旅游产品的质量。

领队作为组团旅行社全权代表，肩负多项使命。领队身上寄托着组团旅行社的信任和期望，领队代表组团旅行社利益要督促境外旅行社和导游执行旅游计划，领队代表组团社的利益，要保证组团社与游客签署的旅游合同有效实施，同时领队对旅行社与游客签署的旅游合同，只有解释权、执行权和监督执行权，没有自行变更权。

二、领队是游客在整个旅程中的不可缺少的心理依赖

游客出国在外，领队是其最主要的依靠。领队可以为游客提供熟悉异域环境、语言沟通等方面的帮助，也能够维系游客之间的和睦团结，领队还是游客和地接方的联络员和润滑剂。

在特殊事件发生时，游客更是无法缺少领队的帮助。事故发生时领队可以以受过的专业训练给游客以帮助，偶遇灾难时游客可以得到领队的心理庇护。

三、领队在旅行社业务拓展中还起着特殊的作用

领队的服务可以起到比广告更好的招徕作用。对企业而言，最珍贵的客源就是回头客。领队需认识到出境旅游游客具有重复出游的可能性。领队的职业身份包括了广告宣传员、产品直销员和客户联络员，领队在营销旅游产品的时候，通过启发式、引导式、对比式和递进式等技巧，有着潜移默化的效果。更重要的是，领队的优质服务是旅行社最好的广告。

领队需要有强烈的旅行社企业整体意识，作为市场信息调查员，为旅行社的路线产品提供合理的改进建议，并且主动承担辅助旅行社路线产品的完善和研发的职能。

【思考与练习】

1. 结合旅游心理学知识，分析不同年龄游客出境旅游时，领队和导游需要特别关注的事项及应对策略。

2. 结合《2016中国出境旅游大数据》的相关研究，思考团队出境旅游客源构成变化趋势及领队在知识和技能等方面的提升要素。

任务四　查验旅行文件

任务描述

小张接受带团任务后，掌握了团队行程和团队情况，旅行社 OP 移交了一系列团队文件案卷给小张。面对这些繁杂的文件，小张应如何应对？

任务分析

出境旅游团队文件包括中国公民出国旅游团队名单表、团队行程单（出团通知书）、团队游客信息资料表、游客护照、签证、旅行机票行程单等内容。这些文件在出境旅游活动中均十分重要，任何一个细节的差错都有可能导致整个行程受阻。领队在出团前应谨慎仔细地进行查验。

完成任务

（1）学生掌握出境文件中所有细节和文件之间的关联性，读懂行业术语。
（2）熟悉不同文件中信息差错的处理原则和流程。
（3）教师通过学生完成任务的情况进行综合考评。

方法与步骤

（1）核对游客护照内容与签证内容中相关资料是否一致，护照有效期和签证有效期是否与旅游行程相符。
（2）核对游客护照（含签证）与团队游客信息资料表中所有项目是否一致。
（3）核对团队游客信息资料表与中国公民出国旅游团队名单表中所有项目是否一致。
（4）核对旅行机票行程单的航班信息是否与团队行程单一致，乘机人姓名是否与团队游客信息资料表一致。
（5）如果出现信息差错，应及时与 OP 沟通，尽快更正。

【知识链接】

护照及签证知识

一、护照

护照是一个国家的公民出入本国国境和到国外旅行或居留时，由本国发给的一种证明该公民国籍和身份的合法证件。护照是公民旅行通过各国国际口岸的一种通行证明，一些国家通常也颁发代替护照的通行证件。中国的护照分为外交护照、公务护照和普通护照，普通护照又分因公普通护照和因私普通护照。

二、签证

签证是一个国家的主权机关在本国或外国公民所持的护照或其他旅行证件上的签注、盖印，以表示允许其出入本国国境或者经过国境的手续，也可以说是颁发给他们的一项签注式的证明。概括地说，签证是一个国家的出入境管理机构（如移民局或其驻外使领馆），对外国公民表示批准入境所签发的一种文件。

签证通常是附载于申请人所持的护照或其他国际旅行证件上（贴纸签证），也有另纸签证、电子签证和生物签证等形式。签证一般来说须与护照同时使用。

落地签证是指申请人不直接从所在国家取得前往其他国家的签证，而是持护照和该国有关机关发给的入境许可证明或相关支持文件等抵达该国口岸后，再签发签证。

过境签证指的是公民取得前往国家（地区）的入境签证后，搭乘交通工具时，途经第三国家（地区）的签证。部分国家对过境旅客实行一定时间范围内、一定口岸规定的过境免签政策。

免签证，即从一个国家或者地区到另外一个国家或者地区不需要申请签证。互免签证通常是双边的，双方持用有效的护照可自由出入对方境。

【技能拓展】

《国际预防接种证书》

《国际预防接种证书》（通称黄皮书），是世界卫生组织为了保障入出国（边）境人员的人身健康，防止危害严重的传染病，通过入出国（边）境的人员、交通工具、货物和行李等传染和扩散而要求提供的一项预防接种证明，其作用是通过卫生检疫措施而避免传染。如果出入国（边）境者没有携带黄皮书，国（边）境卫生检疫人员则有权拒绝其入出境，甚至采取强制检疫措施。中国的黄皮书统一由中华人民共和国卫生部印制。申请人出入国（边）境，需要办理黄皮书，一律由各省、自治区、直辖市的卫生检疫局签发和注射疫苗。

【思考与练习】

1. 掌握 Open、Ok 等不同机票类型的规定。
2. 列举对中国公民普通护照实施落地签证和免签证政策的目的地国家。

任务五　准备出行物资

📄 任务描述

小张做完出境旅游团队的前期工作准备后，即将踏上第一次出境领队的带团征程。他需要为团队和自己准备哪些出行需要的物品呢？

➡️ 任务分析

领队带团属于工做出差，只有携带好工作文件才能顺利开展工作。领队在准备带团行装的时候，务必将带团所需全部资料理清整齐，不能有任何遗漏。同时，出境带团的整个过程中，领队也需照顾好自己的生活起居，适用、够用的生活旅行必需品也要整理清楚，避免带团期间因个人问题影响团队活动。

完成任务

（1）熟悉出团物资，特别是工作文件与使用场景和功能的关系。
（2）分组讨论物资准备和带团服务品质的关系，进行课堂汇报。
（3）教师通过学生完成任务的情况进行综合考评。

☞ 方法与步骤

（1）与 OP 对接，移交出团资料。移交资料主要包括：中国公民出国旅游团队名单表、团队行程单（出团通知书）、团队游客信息资料表、游客护照、签证、交通票据、联络通信录、游客行程评议表（意见单）、旅游行程变更确认书、游客脱团活动确认书、游客分房表、领队证（或导游证）等。另外，根据不同行程的要求，可能需要提前准备的团队文件还有：黄皮书、出入境登记卡、海关申报单、团款结算现金（或旅行支票）等。

（2）除了工作文件外，必需的工作辅助物品也是不可缺少的好帮手。导游旗、行李卡（或不干胶标签）、旅游参考书、目的地国家和城市地图、手机和手机卡、电源转换器、笔记本和笔、电子词典、照相机和中国特色小礼物都可以帮助领队在行程中更好地为游客提供服务。

（3）准备个人生活用品。在服装方面，领队应准备一套相对正式的职业服装，以备接见、宴会或其他正式场合穿着；其他服装则应根据不同的行程安排和气候变化进行选择，多准备些运动休闲类的服装总是必要的。提前准备好卫生洁具、常用药品和小面额外币等，也会为行程提供方便和保障。另外，诸如指南针、手电筒、太阳镜等实用小物件也可根据行程准备。

【知识链接】

《旅行社出境旅游服务规范》（GB/T 31386—2015）相关条款

5.3.4 团队计划的落实

组团社应根据其承诺/约定、旅游路线以及经评审的旅游者要求/委托，与有关交通运输、移民机关、接团社等有关部门/单位落实团队计划的各项安排/代办事项，确保准确无误。

组团社在落实团队计划过程中发现任何不适用的旅游者物品资料，应及时通知旅游者更换/更正。

与境外接待社落实团队接待计划确认信息的书面记录应予保存。

公商务旅游团队，组团社应与出团单位的联系人保持有效沟通，并对出团单位审定的方案进行评审并保存记录，以确保所需服务在组团社的提供能力范围内。超出能力范围的，应与出团单位协商解决。

团队计划落实妥当后，计调人员应做好如下工作并保存相应的移送交接记录：

a）将如下信息如实告知领队人员，并提供相应的书面资料：
- 团队计划落实情况，如团队行程；
- 团队名单；
- 旅游者的特殊要求。

b）向领队移交：
- 团队的旅游证件；
- 团队机票；
- 团队出入国境时需使用的有关表格；
- 公安边检查验用的团队名单表（需要时）；
- 另纸签证（需要时）；
- 团队的其他相关资料。

……

5.4.4.2 出团准备

领队接收计调人员移交的出境旅游团队资料时应认真核对查验。

注：出境旅游团队资料通常包括团队名单表、出入境登记卡、海关申报单、旅游证件、旅游签证/签注、交通票据、接待计划书、联络通信录等。

【技能拓展】

登机箱

登机箱是专门为飞机旅行而设计的行李箱。航空行李分为托运行李、自理行李（又称手提行李）和随身携带物品，登机箱专指第二种。IATA（国际航空运输协会）推荐的登机箱尺寸，一般规定是三边尺寸之和不超过115厘米，其最大尺寸约为市场上20~22英寸的行李箱。但不同航空公司的规定略有不同，可提前询问承运航空公司。

【思考与练习】

1. 根据本项目所列案例行程，拟定领队带团前往泰国需准备的各种出行物资，并表述其使用场合及功能。

2. 领队需要复印全团游客的护照和身份证携带出境旅游吗？为什么？

项目二

行前说明会

良好的开端是成功的一半。在完成出境旅游团队前期准备工作之后召开的行前说明会，已经是领队真正意义上的带团业务活动。这个会议的成功与否，直接关系到团队行程能否顺利完成，也关乎着领队带团出境旅游的服务品质。

【学习目标】

- 掌握出境旅游行前说明会的准备事项；
- 学会行前说明会的操作流程与会议内容。

任务一　会前准备

任务描述

领队小王接到旅行社委派的"阿联酋七日游"领队带团任务后，与OP对接移交了团队文件，认真研究了旅游行程，基本掌握了游客情况，对出团的知识和物资等方面都做了细致准备。旅行社OP通知他，出团前三天将在旅行社多功能厅召开这个团队的行前说明会，请他在会上主要发言。小王应该就说明会做好哪些准备工作？

上海××国际旅行社"阿联酋七日游"出团通知

团号	××××	总人数	20+1人
集合地点	上海浦东国际机场	集合时间	×××年××月××号 7:30
接团旗号	欢迎×××一行贵宾	全程小费	—

续表

全程领队	×××电话××××	送团导游	—
地接导游	×××电话××××		
迪拜 五星酒店	D1、D3、D4、D5，入住4晚 酒店：Sheraton Dubai Mall of the Emirates Hotel 或同级		
阿布扎比 五星酒店	D2，入住1晚 酒店：Sofitel Abu Dhabi Corniche 或同级		
用房	9个标间［我们已按您的要求，将客人需要的房型提前告知酒店。但按国际惯例，酒店有权根据当天实际住房情况分配房型（大床或者分床），请贵宾理解］		
用车	33座空调旅游巴士（31正座）		
用餐	● 8正餐5早餐，其中：1餐阿拉伯自助餐 ● 当地餐不包括酒店水及饮料，团队中式餐以6~8菜1汤 ● 每人每天1瓶矿泉水		
上海起止	××月××号（星期×）MU755 KMG-DXB 上海—迪拜 1025-1915 ××月××号（星期×）MU756 DXB-KMG 迪拜—上海 2045-1210+1 温馨提示：国际航班需提前3小时办理登机手续，请乘客务必提前抵达机场；首段机票不使用，后续段机票不能正常使用		
司导 服务费	团费已含		
特别注意 事项	● 风险提醒：客人在境外行程游览中如需选择行程外自费项目，请出发前通过组团社报名预订或在当地通过导游及接待社合法担保预订，如经淘宝或其他途径预订的自费项目，如发生任何风险，组团社及接待社不承担任何责任 ● 从2016年11月1日起，中国游客到达迪拜机场后，前往移民局，出具的护照所需的有效期为6个月以上即可办理。当地移民局在护照上加盖30天的有效签证戳记后，游客即可借此入境迪拜。当地移民局有权并有可能根据游客的出境不良记录或其他归属于游客自身过错的原因而拒绝给客人发放入境签证。由于上述原因发生拒签的，组团社与地接社将不对此承担任何责任		
温馨提示	● 请各位贵宾出团前随身带上有效的护照证件，外籍人士请自备返程入境中国的有效签证，港澳台人士自备有效回乡件，小孩携带出生证明 ● 请检查好自己的证件：至少6个月以上有效的因私护照（扫描件） ● 请在出国前换好美元，阿联酋不流通人民币，如果您想在当地机场兑换美金请一定赶在下午四点机场银行关闭兑换业务之前 ● 阿联酋领馆要求，返程需要提供护照上迪拜出入境章的扫描件（必要时收取护照原件）办理销签，请配合领队工作 ● 如您在境外有任何疑问或质量问题，请马上联系导游或紧急联系人，并于境外离境前，务必认真填写客人意见表。如发生投诉，我社以客人意见表为准 ● 在境外，我社建议客人不要参加可能对身体会出现伤害的任何剧烈运动，如蹦极、攀高、游泳等水上项目，如果劝说未果，所导致后果客人自行承担 ● 在境外安全第一，以个人安全为重，不要单独活动或与一些当地人去不安全的地方，如果客人坚持，需写下保证书，离队后发生任何事情，自己承担一切责任		

续表

温馨提示	• 建议居住在口岸外城市的客人按出团通知书上集合的时间提前三小时低达集合地点，如因国内航班、天气等其他不可抗力因素导致客人不能正常出行，我社免除此责任 • 谢赫扎伊德清真寺入内参观时男士需穿着有领衬衫T恤及长裤，女士不能穿露肩的上衣、短裙及紧身衣裤。入寺参观时，请客人提前准备合格服装，务必带好长衣、长裤 • 如天气原因或者航空公司自身原因等不可抗力因素导致航班取消或者航班延误，由此造成的个人损失，我社概不负责。建议游客出行前自行购买航空保险 • 我们已按您的要求，将客人需要的房型提前告知酒店。但按国际惯例，酒店有权根据当天实际住房情况分配房型（大床或者分床），请贵宾理解
24小时紧急联系人	联系人：×××，电话：××××

上海××国际旅行社"阿联酋七日游"行程单

日 期	行 程 内 容
第1天	上海→迪拜　用餐：全天餐自理　住宿：迪拜购物喜来登国际五星级酒店 国际航班：MU755，经停昆明 上午：北京时间7:30前往上海浦东国际机场集合，乘东航客机飞往迪拜。到达后入境（无须填入境卡，过关时间约1.5小时）。中文导游接机，送往酒店休息以解长途飞机之疲劳 城市简介：【迪拜】是阿拉伯联合酋长国人口最多的酋长国，从面积上计算是继阿布扎比之后第二大酋长国，迪拜与其他阿联酋的酋长国的不同处在于石油只占GDP的6%。大多数的收入来自杰贝阿里自由区，现在更多来自旅游收入。迪拜市是阿拉伯联合酋长国最大的城市，也是中东地区的经济和金融中心
第2天	迪拜—阿布扎比　用餐：早餐/午餐/晚餐　住宿：阿布扎比索菲特国际五星级酒店 上午：【巴斯塔基亚老城】是迪拜最古老的遗迹之一，是海湾阿拉伯沿岸仅存的风塔建筑群。巴斯塔基亚这一名称源于伊朗小镇Bastak，19世纪早期，迪拜的首批经商移民大多来自那座小镇。虽然这一地区非常窄小，但是却值得花费一些时间在它那蜿蜒曲折的狭窄街道感受一下它的氛围。每座房子的顶部都建有风塔，能将凉风引入室内、热风排出，这可能就是那个最早空调的雏形。这些老建筑有的已经改建为咖啡馆、美术馆、餐厅和离奇古怪的小店。站在这片老城区，依稀可以看到迪拜往日的宁静安详（游览时间约30分钟）。【迪拜博物馆】是由始建于1799年的阿式城堡改建而成的，馆内引用先进的声光电结合，记述了自1930起至今的沙漠之国的发展历史。呈现当年沙漠中迪拜人民生活状况及因发现石油后，生活及城市带来一日千里的发展变化。内建传统的降温风塔，可想象在当年没有空调时，沙漠人民是怎样降温的（参观时间约45分钟）。乘坐传统的"Abras"水上交通工具，跨过迪拜市内的河湾。欣赏两岸的现代建筑，也可看到水上市场交易以及通过迪拜运往中东其他国家的各种水上集装箱码头（游览时间约5分钟）。【黄金市集】是世界上贸易量第二的黄金市场，是世界第三大黄金交易市场。一条不长的黄金街金店，珠宝店从高档的西式尊贵服务到传统的阿拉伯风格小铺多不胜数，是迪拜游人最喜爱的购物之地。【香料市场】是中东各种香料批发市场，传统及现代的市场交易中心（游览时间约1个小时）。 下午：中饭后前往阿联酋的首都—阿布扎比（车程约2个小时）的【Etihad Towers观景台】观光，观景台位于高300米的第74层，是阿布扎比的最高点，也是电影《速度与激情7》的拍摄地，客人可一边享用着欢迎饮料，一边俯瞰欣赏阿布扎比美景，亲临感受电影的拍摄情景（参观时间约30分钟） 晚上：约18:30开始夜游【谢赫扎伊德清真寺】（游览时间约60分钟），为阿拉伯地区最大，耗资55亿美元。内部装饰：宝石贝壳镶嵌，每盏80万美金的施华洛世奇水晶吊灯。有全世界最大的一块人工地毯。建筑群都用来自希腊的汉白玉包裹着，白色典雅，庄严肃穆。 推荐阿联酋自选项目：【亚斯水世界Yas Water world】和全球唯一一家【法拉利主题公园】双园不限时畅游，亚斯水世界与法拉利主题公园之间提供免费巴士。根据您的个人喜好，可自行选择每个主题公园停留游玩时间，每个主题公园内均有配套餐饮设施，在游玩的同时还可享用各国美食

38

续表

日 期	行 程 内 容
第3天	阿布扎比—迪拜　用餐：早餐/午餐/晚餐　住宿：迪拜购物喜来登国际五星级酒店 上午：站在【人工岛】可以眺望到对岸市区的现代别致新颖的建筑，让人难忘（参观时间约30分钟）。【文化广场】内摆放具有独特阿拉伯风格茶壶、大炮等造型的雕塑广场。【萨迪亚特文化博物馆】很有特色，博物馆内除了有散发着鲜明艺术特色的现代元素外，设计师还利用现代多媒体技术向每位游客介绍萨迪亚特岛的规划以及岛上重要的文化区，包括阿布扎比卢浮宫、阿布扎比古根海姆博物馆、扎伊德国家博物馆及海事博物馆等。每一家博物馆都拥有世界上第一流的建筑设计和理念，而且利用了目前世界上最先进的建筑与科技。阿布扎比人将把萨迪亚特岛打造成举世闻名的文化中心和娱乐休闲胜地。 推荐阿联酋自选项目：【阿联酋皇宫酒店】午餐。皇宫酒店号称全世界唯一一座八星级酒店，由阿拉伯联合酋长国之一的阿布扎比酋长国斥资约30亿美元建造，是迄今全球第一奢豪的酒店。按酒店规定，须持有酒店服务预订号方能入内参观 下午：乘车返回迪拜（车程约2小时） 推荐阿联酋自选项目（须提前预订，参加自费的客人不做单独退餐费，自费价格已经包含原来的餐费）：【阿拉伯沙漠冲沙之旅】五驱越野车在指定时间及酒店内接宾客，进入沙漠地带，穿梭于起伏不定的沙丘。途中经停沙漠中央的营地，可尝试滑沙的乐趣及拍下夕阳西下的沙漠壮景。最后的沙漠营地为狂欢大本营：欣赏正宗的肚皮舞表演，与漂亮的舞娘一起翩翩起舞；享用美味独特的阿拉伯烧烤晚餐，免费品尝阿拉伯水烟、饮用各种饮料（含酒精类的除外），还可以穿阿拉伯服饰拍照留念和绘画阿拉伯特色的手绘（如遇斋节则取消）
第4天	迪拜—沙迦—迪拜　用餐：早餐/阿拉伯自助午餐/晚餐 住宿：迪拜购物喜来登国际五星级酒店 上午：【沙迦】是阿联酋第三大的城市，阿联酋的文化中心（游览时间约40钟）。【法萨尔王清真寺】（外观）。外观【那不大老宅】，这座有150年历史的老宅，一座阿拉伯富裕人家的府邸。建筑时就地取材，利用海边的贝壳沙石而建。【阿拉伯文化遗产中心】（游览时间约1个小时） 下午：乘无人驾驶的观光缆车进入【棕榈岛】，号称"世界第八大奇景"，以棕榈树为外形，岛上由50间豪华酒店、2500间沙滩住宅别墅、2400间面海住宅大厦、游艇会、水上乐园、餐馆、大型购物中心、运动设施、水疗设施组成。与正建的"世界岛"形成"姐妹岛"。外观最顶端的亚特兰蒂斯酒店。前往【奇迹花园】，被称为世界上最美、最大的花园，是建立在迪拜市郊一片沙漠的绿洲中，面积达18英亩，有相当于几个足球场大的花园，也是迪拜最大的户外休闲度假胜地。这里有超过4500万株花卉摆出的各种形态各异的造型，有像迪拜塔、金字塔、汽车等。目光所及，绚丽多彩。许多游客都亲切地称这座花园为"伊甸园一角"。园内4500万株鲜花分为各种不同的主题。参观【集装箱公园】（约1.5小时）由若干个集装箱搭建的商铺保留了集装箱的外观属性，却拥有最In的潮流态度。整个区域由约220个集装箱搭建而成，水泥混凝土的工业风质感与凌厉的金属线条，打造出令人耳目一新的购物娱乐休闲地，出现之时便成为迪拜人气最旺的潮流休闲地。可360°全息放映影片的The Dome Box电影院、前卫的Urbanist时尚精品店、包罗万象的The Zoo Concept创意店……在拒绝平庸的Box Park中，这样有创意、有态度的时尚体验，随处可寻 推荐阿联酋自选项目一：【水上飞机俯瞰迪拜城市的美丽景色】单程20分钟。由Park Hyatt Dubai Creek起，Jebel Ali度假酒店止，以不同视角欣赏迪拜城市景色，通过水上飞机，您可以看到迪拜最受欢迎的著名旅游景点，其中包括：著名的世界岛、Dubai Marina，棕榈岛（亚特兰蒂斯酒店），朱美拉海滨，七星级酒店，世界第一高楼，迪拜河沿途风景等

续表

日　期	行　程　内　容
第5天	用餐：迪拜早餐/午餐自理/晚餐自理　住宿：迪拜购物喜来登国际五星级斯酒店 全天自由活动，含车、导游服务；不含餐 上午：享受一个没有 Morning Call 的早晨。 下午：【迪拜购物商场 Dubai Mall】留足时间让你您享受购物乐趣，中东最大的购物广场。商场内有中东最大的【室内水族馆】位于 Dubai Mall 里，上千名贵热带水生物及中东最大的室内瀑布。商场大约有 50 个足球场大，拥有 100 多家食肆，1200 多家商店及世界各国之名牌店在内收罗世界所有名牌，应收尽有。逛累了，可以在商场内任选一家心仪的餐厅坐下，融入当地人生活，一杯咖啡或点食一些当地特色餐 【推荐阿联酋自选项目】：【Burj Khalifa】外观全球最高大厦迪拜摩天新市镇中心地标，整座建筑于 2004 年开始动工，耗资约 10 亿美元，楼高 828 米，较 508 米的台北 101 大楼高 300 多米，更差不多等于两座香港国金中心或纽约帝国大厦。迪拜塔创下数不清的世界纪录：包括最多楼层（169 层）、最高游泳池（76 楼）、最高清真寺（158 楼）。如果乘快速电梯（时速 36 千米）上至全球最高的观景台，天气好时可远眺 80 千米外的美景。推荐阿联酋自选项目二：【豪华大型游艇畅游新迪拜】（约 2 个小时）。在游艇码头登上大型豪华游艇，从不同的角度来审视迪拜不一样的美，游艇驶出滨海新城后，一边慢饮阿拉伯饮料，一边随着游艇时而穿越高楼林立的 Dubai Marina 滨海新城。时而又驶向世界第八大奇观棕榈岛，只见海湾上挺立世界闻名的七星级帆船酒店，最后穿过棕榈岛大桥
第6天	迪拜→上海　用餐：早餐/午餐/晚餐　住宿：飞机上 国际航班：MU756，经停昆明 上午：【帆船酒店】茱美拉沙滩上外观全世界最奢华的号称 7 星的帆船酒店，又称阿拉伯塔酒店。其凭借独特的外观造型及金碧辉煌、奢华无比的装饰、全智能化的管家式服务，享誉全世界。酒店规定，需持有酒店所提供的服务预订号方能入内参观。【朱美拉露天市场】不仅外观风格古朴，就连市场内的装饰也是独具匠心，漫步其间，马上能感受到浓浓的阿拉伯风情，里面还有手工当地艺品以铜质或银质的手工艺品比较多，像各种壶、各种瓶子、器皿，等等，最具有代表性的就是阿拉伯神灯。【Al Boom 旅游村】，这里是阿拉伯人的聚集地，他们的婚礼以及宴会也都会在这里举行，如果有幸碰上，还能够看到神秘的黑白袍的盛典；这里还可以了解到迪拜的造船事业的发展历史，他们是如何打造船只和征服波斯湾的 下午：推荐前往【阿联酋购物商场】自由购物。迪拜购物中心占地 6500 万平方英尺，里面世界各地的名牌齐集，是许多欧美国家的购物中心都无比媲美的。要好好逛完，没有一天时间估计是不够的。由于迪拜跟香港一样，是个免税地区，所以这里的商品便宜得让人怦然心动。世界名牌品牌齐集，价格有的比原产的还便宜。名表、名包、名牌服装、名牌化妆品、名牌鞋子、名牌墨镜、最新款手机、电器等等，应有尽有。另外，由于迪拜著名的室内滑雪场就在迪拜酋长国购物中心内，这个沙漠奇迹，让来自世界各个国家的游客无不叹为观止，为迪拜的大胆和奢侈咂舌。因此，来阿联酋迪拜旅游时，到迪拜酋长国购物中心观光加购物一举两得，便成了所以游客的必选节目了 指定时间送往机场搭乘班机返回上海
第7天	上海　用餐：全天不含餐　住宿：无 上午：北京时间大约 12：10 平安抵上海机场。结束愉快阿联酋之旅

注：以上行程供您参考，旅行社有权根据航班情况调整顺序

服务标准：

（1）机票标准：上海起止全程团队经济舱机票及机场税，团队机票不允许改名、退票、改票、改期。

（2）酒店标准：行程中所列星级酒店的双人间（标准为两人一房，如需入住单间则另付单间差费用）。

（3）用餐标准：酒店内西式自助早餐，中式午晚餐（午晚餐：八菜一汤，最多10人一桌，如人数减少，则会根据实际人数做适当调整）或当地餐；用餐时间在飞机或船上以机船餐为准，不再另补，如因自身原因放弃用餐，则餐费不退。

（4）景点标准：行程中所列景点的首道门票，行程表中标明的景点游览顺序和停留时间仅供参考。

（5）用车标准：豪华空调旅游巴士（一人一正座）。

（6）导游司机标准：全程中文领队；境外专业司机和中文导游或司机兼导游。

（7）购物标准：行程内经过的景区商店、餐厅、商场、集市、中途休息站等商店不属于旅游定点购物店，若游客在此类购物店所购买的商品出现质量问题，旅行社不承担任何责任。

（8）自费标准：以行程表所安排的自费项目为准，不增加额外行程项目（须经全体团员签字同意方可增加），具体安排详见《自费项目表》。

（9）旅行社责任险。

不含项目：

（1）护照费用。

（2）全程单房差。

（3）行李物品的搬运费、保管费及超重费；如行李或物品丢失、被盗等意外损失费用。

（4）一切个人消费（如电话、传真、电视付费频道、洗衣、饮料等）。

（5）旅游者因违约、自身过错或自身疾病引起的人身和财产损失。

（6）非我社所能控制因素下引起的额外费用，如自然灾害、罢工、境外当地政策或民俗禁忌、景点维修等。

（7）游客人身意外保险及客人往返出境口岸的一切费用。

（8）不含境外司机导游服务费（请出团前与团费一起结算）。

未成年人参团提示：

（1）因服务能力所限，无法接待18周岁以下旅游者单独报名出游，敬请谅解。

（2）未成年人参团必须由家属陪同，到公证处办理亲属公证或委托公证书。

（3）因接待情况所限，12岁以下小孩不占床按成人的9折，12岁以上必须占床且按成人标准收费。

老年人参团提示：

（1）因服务能力所限，无法接待80周岁以上的旅游者报名出游，敬请谅解。

（2）70周岁以上老年人预订出游，须与我司签订《健康证明》并有家属或朋友陪同方可出游。

贵宾参团须知：

（1）行程中因个人原因临时自愿放弃游览，景点门票费用、酒店住宿费用、餐费、车费等均不退还。

（2）行程表中所列航班的起抵时间均为当地时间，"+1"表示航班第二天抵达；行程表中所列餐食，"×"表示该餐食不包含在行程中。

（3）保险说明：强烈建议客人自行购买游客人身意外保险，如旅行社出资为游客投保，如客人发生意外伤害事件，视事实情况保险公司对此承担相应的法律责任，游客获得保险公司理赔金额后，相应免除旅行社的赔付责任。游客人身意外保险的适用范围以及条件以中国人民财产保险股份有限公司境外旅行意外伤害保险条款为原则。

阿联酋旅游须知

时差	①时差：阿联酋时间比北京时间慢4小时，如北京时间为12：00时，阿联酋为08：00 ②中国驻阿大使馆地址：Plot NO.26，Sector NO.W-22，Abu，Dhabi.电话：971-2-4434276
天气及衣着	①当地气候为2季，冬季和夏季，冬季（9月30日—次年3月31日）平均气温18度；夏季（4月1日—9月29日）平均气温37℃，最高45℃ ②请准备防晒用品和遮阳品，并携带保护皮肤的长袖衣服、帽子、太阳眼镜和运动鞋，由于阿联酋很多地方的空调开得比较大，带上长袖衣服可以防着凉 ③天气查询网站：http://www.worldweather.cn/tu/tuindex.htm ④因行程有安排景点阿布扎比谢和扎伊德清真寺，由于现在清真寺不外借黑袍，请客人务必自己带上长衣长裤，准备好头巾（不限颜色和样式）
通信情况	①手机开通国际长话及漫游的均可直接使用。阿联酋打电话回国内移动电话，请拨：0086+手机号码（如0086+13509600000）。阿联酋打电话回国内固定电话，请拨0086+区号后三位数+电话号码（如打深圳：0086+755+12345678）。拨当地手机，可以直接拨手机号码或者固定电话即可 ②当地大部分酒店在大堂等公共区域才提供免费WiFi，特殊酒店提供房间内免费WiFi，根据不同的酒店情况，请现场以导游确认为准
出入境注意事项	①行李托运：国际航班一般可免费托运行李一件（重量不超过20千克，长宽高合计不得超过269厘米），可随身携带行李一件（长宽高合计不得超过115厘米）；托运行李切勿放现金、照相机、手提电脑等贵重物品，保留好行李票；液体、膏状物品、胶状物品等尽量托运，若不托运则请放置于容量不超过100毫升的容器里，用透明可视密卦胶袋装好，以备机场安检；尽量不要帮别人托运行李，以免带来不必要的麻烦 ②签证：阿联酋属于免签证国家，不使用签证作为入境凭证 ③入境：抵达机场入境前需要前往海关处留眼膜照片（在Visa Collection柜台旁边的柜台拍摄），以确认是否有被阿联酋政府驱逐或者任何其他的不良记录，照眼膜工作人员会在护照上盖章，（拍眼角膜柜台与入境过海关在一起）即可入境 ④离境：办理登机手续时，贵重物品请随身携带，勿放行李托运。随身行李中不要带食品和水等其他违禁物品
餐食情况	①行程当中团队以安排中餐为主，团队餐标是八菜一汤 ②当地接待团队的中餐厅不多，而且口味偏向南方菜口味 ③阿拉伯人禁酒，当地只有拥有酒牌的餐厅或者商店才可以销售酒精类产品 特别说明：推荐豪华酒店自助餐（如七星帆船、八星皇宫酒店等） ①酒店餐厅及座位有限，预订须提前，座位一经确认，因个人原因取消不能退款 ②大多豪华酒店餐厅以中东口味为主，不可用中国口味去衡量 ③因为时差及生活习惯问题，用餐时间也与中国有所不同，视各酒店情况而定 ④豪华酒店用餐请以欣赏豪华酒店装修设施为主，尽可能忽视餐食的本质价格 ⑤豪华酒店餐厅安排的座位也由餐厅视预订情况，由餐厅安排

续表

住宿情况	①当地酒店相对国内酒店硬件设施较差，当地四星酒店相当于国内三星酒店 ②国外酒店都提倡环保，大部分酒店虽有提供洗漱用品和拖鞋，但是也有少部分酒店没有，请尽量于出团前备齐（如果酒店确实没有洗漱用品，且客人也没有带的，也可以请领队帮忙叫客房部服务员拿，但是根据国外习惯，客人可准备一点小金额的小费给服务员以表感谢） ③贵重物品离房请随身携带 ④请勿穿着睡衣走出房间；在酒店大厅内或其附设餐厅、酒吧内请勿穿拖鞋；酒店内禁止大声喧哗，以免影响其他客人休息 ⑤房间及浴室内注意安全，以免不小心摔倒，影响人身安全
旅行途中注意事项	①旅行中安排空调旅游车；司机后面第一排预留为导游位，请依次就座，不可抢位 ②护照、机票及其他贵重物品请随身携带，切不可放在交通工具上 ③上下车时注意台阶，以免摔伤，请随手关好窗户 ④爱护车上卫生，尽量不要在车里吃有味的食物
景点游览	①请务必遵守时间，配合领队导游工作 ②导游可在不减少游览景点的情况下，可以根据实际情况调整游览顺序 ③如遇天气、塞车、罢工等情况，造成未能完成游览的景点，旅行社将更改别的旅游景点代替
消费方面	①迪拜是世界知名的购物天堂、免税大港，商场经营的世界级产品全部为正品渠道，可以放心购买 ②最值得购买的有化妆品、名表、品牌服装、箱包、黄金、钻石、中东椰枣 ③货币：当地货币称迪拉姆（AED），不接受人民币兑换，您需要带元到银行或者商场里换汇 ④参考汇率：USD1=AED3.65，AED1=RMB1.6 左右 ⑤所选购的物品请现场以商场商店确认好，旅行社不负责在购物商场里的退换货工作
出境旅游文明公约	①维护环境卫生。不随地吐痰和口香糖，不乱扔废弃物，不再禁烟场所吸烟 ②遵守公共秩序。不喧哗吵闹，排队遵守秩序，不并行挡道，不在公众场所高声交谈 ③保护生态环境。不踩踏绿地，不摘折花木和果实，不追捉、投打、乱喂动物 ④保护文物古迹。不再文物古迹上涂刻，不攀爬触摸文物，拍照摄像遵守规定 ⑤爱惜公共设施。不污损客房用品，不损坏公共设施，不贪占小便宜，节约用水用电，用餐不浪费 ⑥尊重别人权利。不强行和外宾合影，不对着别人打喷嚏，不长期占用公共设施，尊重服务人员的劳动，尊重各民族宗教习俗 ⑦讲究以礼待人。衣着整洁得体，不在公共场所袒胸赤膊；礼让老幼病残，礼让女士；不讲错话 ⑧提倡健康娱乐。抵制封建迷信活动，拒绝黄、赌、毒
出境旅游文明行为指南	注重礼仪，保持尊严；讲究卫生，爱护环境，衣着得体；请勿喧哗，尊老爱幼，助人为乐；女士优先，礼貌谦让；排队有序，不越黄线；文明住宿，不损用品，安静用餐，请勿浪费；健康娱乐，有益身心；赌博色情，坚决拒绝；参观游览，遵守规定；习俗禁忌，切勿冒犯；遇有疑难，咨询领馆；文明出行，一路平安

任务分析

组团社组织游客召开先前说明会，是组团社事先告知游客在出发前与境外的注意事项，也是一种国际惯例。出境旅游团队必须召开先前说明会，是由出境旅游的特殊性所决定的。

完成任务

（1）学生分组讨论出境旅游游客行前说明会的会议流程和主要内容，设计会议方案。

（2）课堂分组汇报会议方案，并进行讨论互评完善。

（3）教师通过学生完成任务的情况进行综合考评。

方法与步骤

（1）出境旅游行前说明会通常在出团前三天至一周的时间内组织召开。会议地点一般选择在旅行社的会议室进行。如果有可能，应提供多媒体设备展示相关信息，以便提升会议效果，提升企业品牌形象。

（2）会议通知通常由旅行社销售人员或 OP 人员电话告知游客，希望游客尽可能悉数参加会议。如果确有困难，至少每个参团的小团体能够派代表参加。

（3）行前说明会一般由旅行社 OP 主持会议并致欢迎词，同时根据需要进行补充讲解和回答部分提问。

（4）由于领队对旅游目的地和出团旅游行程均比较熟悉，行前说明会通常由领队进行主讲，这也是领队在全团游客面前初次亮相、展示领队专业风貌、建立领队权威的机会。

（5）领队应在行前说明会前对会议内容和游客感兴趣的话题进行充分准备，同时就游客可能会提出的问题进行预判和准备，保证会议陈述和问答环节从容应付。

（6）领队也应对参会服装和语言表达进行准备，突显出领队的礼仪、专业和权威。

【知识链接】

《旅行社出境旅游服务规范》（2015）相关条款

5.3.5 行前说明会

出团前，组团社应召开出团行前说明会。在会上，组团社应向旅游者：

a）重申出境旅游的有关注意事项及外汇兑换事项与手续等；

b）发放并重点解读根据《旅游产品计划说明书》细化的《行程须知》；

c）发放团队标识和《游客旅游服务评价表》；

d）翔实说明各种由于不可抗力/不可控制因素导致组团社不能（完全）履行约定的情况，以取得旅游者的谅解。

《行程须知》除细化并如实补充告知《说明书》中交通工具的营运编号（如飞机航班号等）和集合出发的时间地点以及住宿的饭店名称外，还应列明：

a）前往的旅游目的地国家或地区的相关法律法规知识和有关重要规定、风俗习惯以及安全避险措施；

b）境外收取小费的惯例及支付标准；

c）组团社和接团社的联系人和联络方式；

d）遇到紧急情况的应急联络方式（包括我驻外使领馆的应急联络方式）。

《旅行社出境旅游服务质量》（LB/T 005—2002）相关条款

5.3.5　行前说明会

出团前，组团社应召开出团行前说明会。在会上，组团社应：

a）向旅游者说明出境旅游的有关注意事项及外汇兑换事项与手续等；

b）向旅游者发放《出境旅游行程表》、团队标识和《旅游服务质量评价表》；

c）相关的法律法规知识以及旅游目的地国家的风俗习惯；

d）向旅游者翔实说明各种由于不可抗力／不可控制因素导致组团社不能（完全）履行约定的情况，以取得旅游者的谅解。

《出境旅游行程表》应列明如下内容：

a）旅游路线、时间、景点；

b）交通工具的安排；

c）食宿标准／档次；

d）购物、娱乐安排以及自费项目；

e）组团社和接团社的联系人和联络方式；

f）遇到紧急情况的应急联络方式。

【技能拓展】

旅游 App

- 位置导航：Google 地图、百度地图
- 天气预报：墨迹天气、Yahoo 天气
- 航班动态：航旅纵横、飞常准
- 指南攻略：LonelyPlanet、蚂蜂窝、百度旅游、穷游锦囊
- 语言翻译：旅行翻译官、Google Translate
- 换钱工具：iMoney
- 免费上网工具：WiFi Finder

【思考与练习】

1. 根据先前说明会的相关要求和"阿联酋七日游"行程，撰写领队欢迎词和阿联酋概况及旅游注意事项。

2. 参考"阿联酋七日游"行程，预测游客在行前说明会上可能会提出的问题并尝试进行回答。

任务二　会议组织

📋 任务描述

为了开好行前说明会，小王充分熟悉了整个旅游行程，精心准备了发言稿。面对20位游客各种奇思妙想的提问，小王是否能够驾驭得了吗？

➡ 任务分析

领队参加行前说明会，应该以整洁的着装、优雅的举止、饱满的精神状态出场，表现出专业性、自信心和亲和力，给游客留下良好的第一印象，为后续进入实质性的带团工作做好铺垫。同时，对说明会涉及的繁杂内容应该语言清晰、条理清楚地进行陈述，以便游客掌握相关信息，做好出行准备。

完成任务

（1）学生分组模拟召开先前说明会，演练主持、主讲和回答游客提问等环节，并讨论存在问题和整改方案。

（2）课堂模拟行前说明会，随机抽取学生做会议主持和主讲，其他同学作为游客提问。现场进行讨论互评。

（3）教师通过学生完成任务的情况进行综合考评。

☞ 方法与步骤

（1）会议开始前，旅行社OP和领队应准备好《出团通知单》《旅游行程单》《出境旅游注意事项》《会议签到表》和团队标识等文件和物品，提前抵达会议室调试好会议设备，恭候游客到来。

（2）游客抵达后，领队配合OP为游客发放相关资料，进行会议签到。

（3）行前说明会的主要内容包括：

①主持人和主讲人自我介绍，欢迎和感谢游客参加本次旅游团队；
②集合时间与地点，提示前往路径、出行方式和路途时间；
③强调团队旅游活动的时间观念；
④目的地国家（地区）概况；
⑤目的地天气情况与着装要求提示；

⑥串讲出境旅游行程单,包括饮食、住宿、交通、景点等内容,提示购物和娱乐的安排,穿插旅游行程中的注意事项和禁忌;

⑦目的地相关注意事项,包括法律法规、风俗习惯、官方语言、货币兑换、通信联络、电压插头、洗漱物品、小费惯例等;

⑧随身行李和托运行李限制;

⑨中国和目的地出入境海关相关规定;

⑩安全提醒,危机应对,提醒购买旅游意外保险;

⑪宣讲目的地文化差异与出境旅游文明公约,倡导文明旅游、生态旅游;

⑫强调境内、境外与领队、地接社、组团社、使领馆等相关环节的联络方式;

⑬核对相关信息,包括证件、住房、联络方式等;

⑭接受游客的提问和解答疑问;

⑮会议总结,预祝出境旅游活动圆满成功。

(4)会议结束后,领队应逐一给因故未能前来参会的游客打电话、发信息进行沟通,确保会议主旨能够传达到每一位游客,以免耽误全团行程。

(5)领队应将行前说明会发放的资料特别带到出团集合地点发放给未参会游客并进行现场答疑和会议签到。

(6)如因故未能组织行前说明会或全团游客均未到会,领队应按照《旅行社行前说明服务规范》的要求尽早补开说明会。

【知识链接】

《旅行社行前说明服务规范》(LBT 039—2015)相关条款

3.2 行前说明服务 pre-tour explication service

旅行社与旅游者签订包价旅游合同、约定的旅游活动成行前,就约定的服务内容,向旅游者告知重要信息、有助顺利完成旅游的活动,是旅行社提供的包价旅游产品中不可缺少的服务环节之一。

3.3 行前说明服务提供方 pre-tour explication service supplier

与旅游者签订包价旅游合同的旅行社,包括:招徕、组织、接待旅游者并提供全程旅游服务的旅行社;销售批发商的包价旅游产品且自行与旅游者签订包价旅游合同的旅游代理商、旅游零售商。

4 基本要求

4.1 主动服务

行前说明服务区别于售前服务中的产品说明服务、旅游行程中对旅游者的提示和告知活动,旅行社应主动为旅游者提供该项服务。

提供全程旅游服务的旅行社应主动为其代理商、零售商提供行前说明服务方面的有效支持。

4.2 注重实效

旅行社应根据经营状况、产品特征、旅游者群体差异等因素，选取方便旅游者参与、服务质量易于控制的行前说明服务形式。

4.3 资源保障

旅行社应为行前说明服务提供必要的资源保障，包括：

a）建立符合旅行社实际情况的行前说明服务管理制度，明确服务流程及服务标准；
b）设置专门岗位，对行前说明服务所要达到的目标负责；
c）对行前服务人员进行培训，确保其具有为旅游者提供相关服务的专业知识及技能；
d）为行前说明服务提供场地、设备、设施等方面的支持。

5 服务形式

5.1 一般服务形式

为保证行前说明服务的质量及效果，旅行社应优先采取以下服务形式：

a）出行前且非出发当天，旅行社、旅游者双方见面的行前说明服务形式；
b）出行前且非出发当天，不见面形式的行前说明服务：旅行社利用互联网等技术或服务手段，向旅游者送达行前说明内容的电子版本、音、视频资料并取得旅游者接收确认，且有专门渠道、专门人员解答旅游者疑问；
c）上述两种形式的结合。

5.2 应急措施、补救手段

当旅游者因故未能接受行前服务时，旅行社可采取以下服务形式作为应急措施或补救手段：

a）行程开始当天，在机场、车站、码头等公共区域临时举行；
b）前往旅游目的地的交通工具上临时举行；
c）在旅游过程中，通过播放音频、视频资料或由履行辅助人宣讲等进行。

6 服务内容

6.1 交付资料、物品

6.1.1 基本资料、物品

旅行社在行前说明服务环节向旅游者交付的资料、物品应符合 GB/T 31385、GB/T 31386 中的相关要求。（编者注：即《旅行社服务通则》和《旅行社出境旅游服务规范》）

6.1.2 与旅游安全、文明旅游相关的资料

对与旅游安全、文明旅游相关的重要事项，应当向旅游者交付书面文件等形式的资料。重要信息在资料中应以加大字号、醒目色标注等处理方式以引起旅游者重视。如：可能严重危及旅游者人身、财产安全的旅游风险提示、多发旅游风险的提示、安全避险措施等重要安全提示内容。

6.1.3 旅行社认为应当交付的其他内容

旅行社认为应当交付的其他内容取决于旅行社自身管理需求和产品特点。

6.2 告知内容

6.2.1 出发信息

旅行社应向旅游者重点解读旅游行程，特别注意说明双方在签订包价旅游合同时尚未明确的要素，包括：交通工具的营运编号（如飞机航班号等）、集合出发的时间地点、必要的履行辅助人信息、团队标志（如导游旗、游客标志物）等。

6.2.2 重要联络信息

旅行社应告知旅游者，并提醒其在旅游过程中全程携带的重要联络信息：

a）旅行社操作部门、销售部门相关工作人员、团队领队或全陪姓名及联络方式等信息；

b）地接社及其工作人员（如地陪导游员）联络方式等信息；

c）为游客提供保险产品的保险公司联络信息；

d）遇到紧急情况时的应急联络方式。出境旅游产品还应向旅游者告知我国驻外使、领馆应急联络方式；

e）应该或能够在行程中为旅游者提供安全保障的其他机构或人员信息。

6.2.3 行前准备事项

告知旅游者国内、外运输管理相关法律、法规、行李托运须知、出入境物品管理相关法律、法规等对旅游者乘坐交通工具、托运行李、出、入国境有影响的事项，提示旅游者提前做好相应准备。

6.2.4 旅游目的地相关信息

提示旅游者旅游目的地（国家或地区）历史、地理、气候、人文风俗等信息及相关注意事项。

6.2.5 文明旅游提示

对旅游者进行的文明旅游提示应包括：

a）旅游者应当注意的旅游目的地相关法律、法规和风俗习惯、宗教禁忌等；

b）易因不了解而引起误会、冒犯、争端或遭受非议的其他事项；

c）除上述提示外，出境旅游团队还应提示国家出入境管理相关法律、法规，以及依照中国法律不宜参加的活动。

6.2.6 旅游者不适合参加旅游活动的情形

除一般旅行安全注意事项外，旅行社应根据产品行程设计内容，有针对性地提示行程中存在一定风险的旅游项目，再次询问旅游者健康状况，提示旅游者不适合参加旅游活动的情形。

6.2.7 重大安全警示

旅行社应根据旅游目的地、行程安排的差异性，就以下事项对旅游者进行说明：

a）行程中旅游者可能接触到的、操作不当有可能造成旅游者人身伤害的相关设施、设备的正确使用方法；

b）必要的安全防范和应急措施；

c）行程中未向旅游者开放的经营、服务场所和设施、设备；

d）为保障安全，部分旅游者不适宜参加的活动。

6.2.8 突发事件应急处理预案

旅行社应：

a）告知旅游者，旅行社对突发事件的处理流程；

b）告知旅游者，有危及人身或财产安全的意外发生时，旅游者应联络的人员的顺序；

c）如旅游者为旅游活动投保了保险，应告知旅游者保障内容及出险时可采取的措施；

d）突发事件发生时，有利于旅游者保护自身安全的其他信息。

6.2.9 争议和投诉受理渠道

告知旅游者，当有争议发生时旅游者可通过何种渠道与方式维护自身利益，包括：

a）旅行社受理投诉的渠道及流程；

b）政府相关部门受理投诉的渠道及流程。

7 服务流程

7.1 告知并获得旅游者确认

旅行社应在合同签署时告知旅游者行前说明服务提供的方式、时间等信息，并申明服务的重要性，促使旅游者参与。

7.2 获取旅游者参与记录

行前说明服务过程中，旅行社应获取旅游者参与活动的签字证明或其他形式的到场记录。

7.3 宣讲及交付相关资料

交付资料、物品和宣讲告知内容见本标准的 6.1，6.2。

对所有交付给旅游者的书面告知内容，旅行社宜向旅游者收取接收确认，以保证信息能有效传达。

7.4 答疑

就旅游者提出的与产品或服务有关的问题，旅行社服务人员予以解答。

采取非见面服务形式的，可由旅行社在团队出发前按约定方式对旅游者提出的疑问予以解答。

7.5 存档

旅行社应指派专人对行前说明服务过程中的重要资料、记录进行整理、存档。存档要求应符合《中华人民共和国旅游法》对旅游者资料保存的相关规定。

8. 服务改进

旅行社应按照 GB/T 19001 的要求，建立符合质量管理体系要求的服务监督和持续改进机制，从旅游者意见调查、旅游者投诉与建议信息中识别出与行前说明服务有关的信息，对服务流程、服务内容进行定期评审，使服务得到不断改进。（编者注：即《质量管理体系要求》）

当以下情况发生时，旅行社还应立即组织对行前说明服务流程、标准进行针对性评审，以确保服务的有效性：

a）国家相关法律、法规、行业管理规定颁布或发生变化时；
b）旅游目的地国家或地区局势发生重大变化时；
c）旅游经济形式发生重大变化时；
d）行业管理部门或其他政府机构有要求时；
e）旅行社经营组织结构和质量管理体系发生重大变化时；
f）行前说明服务质量引起投诉或造成旅游者人身、财产损失等情况发生时。

【技能拓展】

上海××国际旅行社旅游团队行程前说明会签到签收单（样单）

团号		旅游路线	
说明会时间		说明会地点	
主持人		主讲人	
特别告知	①本次行程前说明会向各参加本团队旅游者发放《出团通知书》《旅游最终行程表》和《出境旅游注意事项》 ②参加本团队的旅游者有权在收到上述资料后，向会议提出问题或异议，主持人或主讲人应当予以解答 ③代本团队旅游者参加本次说明会和代为领取上述资料的旅游者，对自身的代理权真实性和合法有效性负责，并代理未参加本次说明会的旅游者在会上行使上述权利和承担负责转告未能加本次会议旅游者的责任		
签到签收人声明	在本次说明会上已收到上述资料且明确资料全部内容，并明白上述特别告知的权利义务		
出席会议签到签收人			
序号	姓 名	签到签收	序号	姓 名	签到签收

【思考与练习】

1. 召开行前说明会对领队带团出境旅游具有哪些现实意义？

2. 如果旅行社未能按期召开行前说明会，领队在国际机场等公共区域临时举行说明会需要特别强调的内容有哪些？

项目三

出境时的工作

近年来，随着人民生活水平的提高和境外旅游的不断开放，中国公民出境旅游人数逐年增长。《2016年中国旅游发展报告》显示，自2012年以来，中国已成为世界第一大客源国，中国游客出境游人均消费也排名第一。报告显示，中国是世界第一大出境旅游消费国。目前，中国公民出境旅游目的地已扩大到150多个个国家和地区，成为世界重要的旅游客源国之一。中国公民出境旅游需求十分强劲，2001—2015年，出境旅游者人数从1213万人次迅速上升到1.2亿人次，跨入了"亿时代"。其中，自2012年起，中国就一直保持世界最大出境旅游市场的地位。特别是近年来中国公民在境外的人均消费水平排名全球第一，是全球规模最大、最有消费吸引力的重要客源市场，对世界国际旅游市场的发展做出了贡献。在出境游的队伍中，跟团游依旧占主流地位，占比超过50%。领队是出境游的领导者和代言人，在整个出境游中发挥着举足轻重的作用。一次完美的异域旅行，对于领队的考验是全面的，领队要以高度的责任心、熟练的业务技能、独立的工作能力带领游客在他国旅行，顺利完成既定计划，顺利地将团队带回。

出境时的工作包括中国出境和他国离境。中国出境，需要经过中国海关检查、卫生检疫检查、边防出入境检查、登机安全检查等关口。他国离境的工作与中国出境工作有相同之处，但也有不同，他国离境的流程包括乘机手续、购买机场税、边防检查、海关检查、购物退税等。在这其中，领队需要对所有流程十分熟练，这样才能快速有序地指引团队游客通过。

【学习目标】

- 掌握海关相关规定；
- 学会办理中国出境相关手续；
- 学会办理他国离境相关手续。

任务一　团队的集合

领队在带团离开国境时，首先应该集合好团队。如何有序快速地集合好团队是领队海外工作成功的前提，也是领队展现职业能力的有效渠道之一。

任务描述

领队小王带领一行 24 人的团队赴澳大利亚旅游，在做好了出团前的相关准备工作后，小王即将前往机场与游客会合。如果你是领队小王，在到达机场后，首先应该完成什么工作？

任务分析

团队的集合工作是领队出境工作的第一步，也是领队工作真正开始的标志，此项工作直接影响到后期工作的顺利开展。领队在集合团队时需要严格按照工作流程，并时刻准备好处理突发状况，在游客面前展现出良好的职业素养。

完成任务

（1）学生根据任务给出的情景，整理出领队在团队集合中的工作要点。
（2）根据整理出的知识点，学生分组进行团队集合的情景模拟训练。
（3）教师根据各组训练情况进行点评，并对知识点进行归纳。

方法与步骤

（1）提前到达。在等待客人时，领队应该比与客人约定时间早 10 分钟到达机场、口岸等出境集合地点。到达集合地点后，领队应及时放置好旅行社的领队旗，以方便游客认找。在等待期间，随时保持手机通畅以便接听游客电话。集合地点和集合时间应该在行前说明会上反复强调，地点应选择方便认找的明显位置，时间应留有较大空间。

（2）游客签到。游客与领队会合后，领队应及时对照团队名单，逐一核对游客信息后为已到达的游客签到，以方便后期对照游客实到情况。签到后嘱咐游客原地休息，不要走远。

在临近集合时间时，导游需再次点名确认游客到达情况，如还有游客未到，领队需要主动打电话询问情况并确认游客所在位置。

（3）临行简要说明。在全团旅游确认到达后，领队需再次做一个简短的欢迎词，之后对即将要办理的手续向游客做简单介绍,其中包括告知游客办理登机手续、海关手续以及边防手续等的步骤和注意事项。其间,对游客不清楚的地方做逐一简要解答,确保全体游客了解出境步骤并能配合领队工作。

【知识链接】

出入境有效证件相关知识

1. 护照

护照是一个国家的公民出入本国国境和到国外旅行或居留时,由本国发给的一种证明该公民国籍和身份的合法证件。护照一词在英文中是口岸通行证的意思。也就是说,护照是公民旅行通过各国国际口岸的一种通行证明。

各国颁发的护照种类不尽相同。中国的护照分为外交护照、公务护照和普通护照,普通护照又分因公普通护照和因私普通护照。

外交护照(见图3-1)主要发给副部长、副省长等以上的中国政府官员,党、政、军等重要代表团正、副团长以及外交官员、领事官员及其随行配偶、未成年子女、外交信使等。

公务护照(见图3-2)主要发给中国各级政府部门的工作人员、中国驻外国的外交代表机关、领事机关和驻联合国组织系统及其有关专门机构的工作人员及其随行配偶、未成年子女等。

图3-1 外交护照　　　图3-2 公务护照

因公普通护照（见图3-3）主要发给中国国有企业、事业单位出国从事经济、贸易、文化、体育、卫生、科学技术交流等公务活动的人员、公派留学、进修人员、访问学者及公派出国从事劳务的人员等。

因私普通护照（见图3-4）发给定居、探亲、访友、继承遗产、自费留学、就业、旅游和其他因私人事务出国和定居国外的中国公民。

图 3-3　因公普通护照　　图 3-4　因私普通护照

护照有一定的有效期限，过期即为无效护照，丧失法律证明效力。中国因私普通护照有效期为10年。

2. 签证

签证，是一个国家的主权机关在本国或外国公民所持的护照或其他旅行证件上的签注、盖印，以表示允许其出入本国国境或者经过国境的手续，也可以说是颁发给他们的一项签注式的证明。概括地说，签证是一个国家的出入境管理机构（如移民局或其驻外使领馆），对外国公民表示批准入境所签发的一种文件。签证一般都签注在护照上，也有的签注在代替护照的其他旅行证件上，有的还颁发另纸签证。如美国和加拿大的移民签证是一张A4大的纸张，新加坡对外国人也发一种另纸签证，签证一般来说须与护照同时使用，方有效力。韩国签证样本如图3-5所示，中国签订样本如图3-6所示。

我国签证分为外交签证、礼遇签证、公务签证、普通签证。

对因外交、公务事由入境的外国人，签发外交、公务签证；对因身份特殊需要给予礼遇的外国人，签发礼遇签证。外交签证、礼遇签证、公务签证的签发范围和签发办法由外交部规定。

对因工作、学习、探亲、旅游、商务活动、人才引进等非外交、公务事由入境的外国人，签发相应类别的普通签证。普通签证的类别和签发办法由国务院规定。

普通签证分为以下类别，并在签证上标明相应的汉语拼音字母：

C字签证，发给执行乘务、航空、航运任务的国际列车乘务员、国际航空器机组人员、国际航行船舶的船员及船员随行家属和从事国际道路运输的汽车驾驶员。

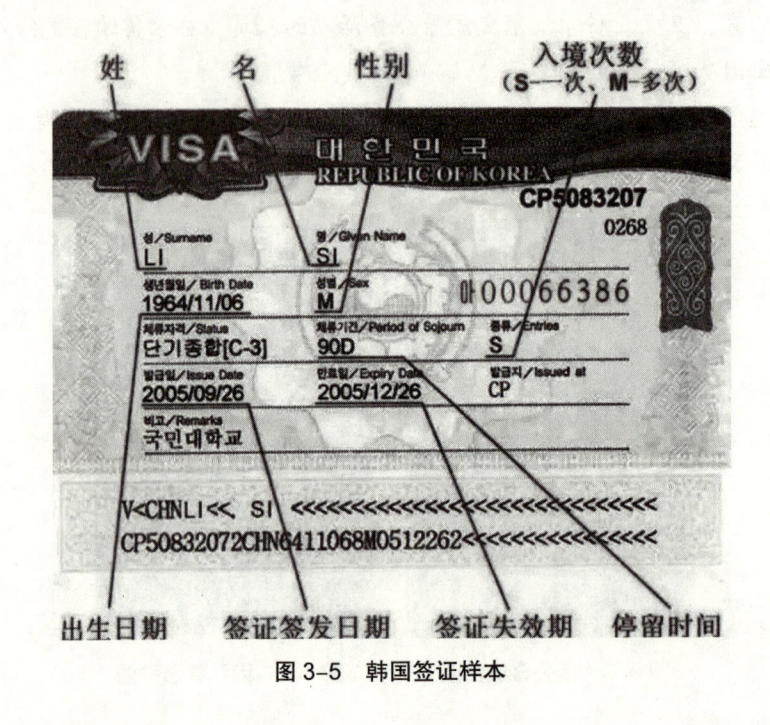

图 3-5 韩国签证样本

图 3-6 中国签证样本

D 字签证，发给入境永久居留的人员。

F 字签证，发给入境从事交流、访问、考察等活动的人员。

G 字签证，发给经中国过境的人员。

J1 字签证，发给外国常驻中国新闻机构的外国常驻记者；J2 字签证，发给入境进行短期采访报道的外国记者。

L 字签证，发给入境旅游的人员；以团体形式入境旅游的，可以签发团体 L 字签证。

M 字签证，发给入境进行商业贸易活动的人员。

Q1 字签证，发给因家庭团聚申请入境居留的中国公民的家庭成员和具有中国永久居留资格的外国人的家庭成员，以及因寄养等原因申请入境居留的人员；Q2 字签证，发给申请入境短期探亲的居住在中国境内的中国公民的亲属和具有中国永久居留资格的外国人的亲属。

R 字签证，发给国家需要的外国高层次人才和急需紧缺专门人才。

S1 字签证，发给申请入境长期探亲的因工作、学习等事由在中国境内居留的外国人的配偶、父母、未满18周岁的子女、配偶的父母，以及因其他私人事务需要在中国境内居留的人员；S2 字签证，发给申请入境短期探亲的因工作、学习等事由在中国境内停留居留的外国人的家庭成员，以及因其他私人事务需要在中国境内停留的人员。

X1 字签证，发给申请在中国境内长期学习的人员；X2 字签证，发给申请在中国境内短期学习的人员。

Z 字签证，发给申请在中国境内工作的人员。

3. 港澳居民来往内地通行证

港澳居民来往内地通行证，由中华人民共和国广东省公安厅签发，是具中华人民共和国国籍的香港特别行政区及澳门特别行政区居民来往中国内地所用的证件。证件于1999年1月5日启用，早称港澳同胞回乡证，新版证件于2013年1月2日起开始启用（见图3-7）。年满18周岁有效期为10年，未满18周岁有效期为3年。

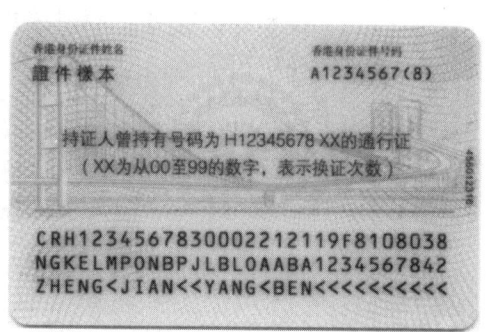

图 3-7　新版港澳居民来往内地通行证样本

4. 中华人民共和国往来港澳通行证

港澳通行证俗称双程证，是由中华人民共和国公安部出入境管理局签发给中国内地居民因私往来香港或澳门地区旅游、探亲、从事商务、培训、就业、留学等非公务活动的旅行证件（见图3-8和图3-9）。来港澳前，必须取得内地公安部门签发有关来港澳目的签注（如团队旅游、个人旅游、商务或其他签注等）。

持中国公民有效护照经香港前往其他国家或地区的过境旅客如能符合一般的入境规定，包括持有前往目的地的有效入境证件及供海外旅游并已经确认的续程车/船/机票，可在每次入境时获准在港逗留7天而无须事先领有进入认可。

内地居民因私往来香港或澳门特别行政区旅游、探亲、从事商务、培训、就业等非公务活动,向户口所在地的市、县公安出入境管理部门提出申请。凭公安出入境管理部门签发的往来港澳通行证及有效签注前往。

2014年9月15日,全面启用电子往来港澳通行证规定,成年人电子往来港澳通行证有效期延长为10年,对未满16周岁的仍签发5年有效通行证。内地居民往来港澳签注分为6个种类,即个人旅游(G)、探亲(T)、商务(S)、团队旅游(L)、其他(Q)、逗留(D)根据申请事由分类签发。其中香港G签和L签的有效期都为:3个月1次、3个月2次、1年1次、1年2次四种有效签注。澳门签注只有3个月1次、1年1次申请。签注规定每次在香港或者澳门逗留不超过7天,一进一出算一次。

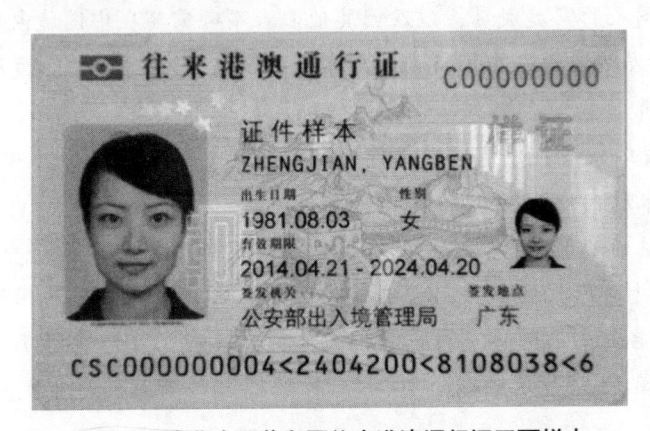

图3-8 中华人民共和国往来港澳通行证正面样本

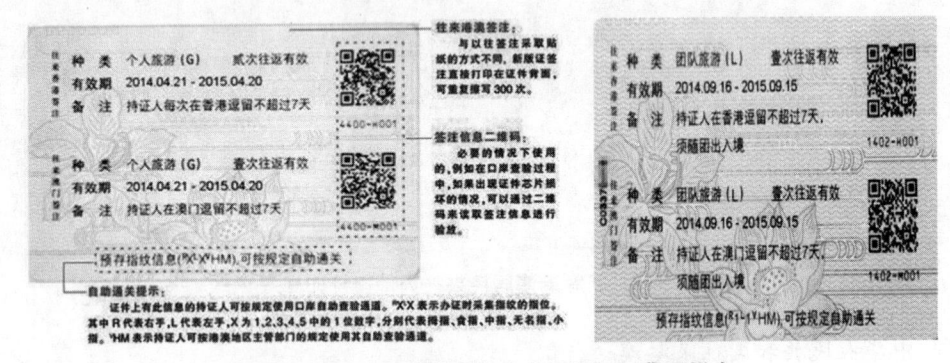

图3-9 中华人民共和国往来港澳通行证背面样本

5. 台湾居民来往大陆通行证

台湾居民来往大陆通行证,简称"台胞证",是中华人民共和国政府发给台湾人民来往大陆地区观光、商务、探视的身份证明书,每次入境所需的类似一般护照上之签证的入境许可,在台胞证上称为"签注"。

旧版本式台胞证的颜色为土黄绿色的封皮,印有台湾居民来往大陆通行证烫金字样以及烫金的徽章图样。内页盖上附有"中华人民共和国公安部出入境管理局"字样及中华人民共和国国徽图样的红色印章（见图3-10）。2015年7月1日，公安部公告自当月6日起在福建省试点发行卡式2015版台湾居民来往大陆通行证。2015年9月15日，公安部宣布决定启用2015版台湾居民来往大陆通行证（简称电子台胞证、台胞卡），县级以上公安机关出入境管理部门自9月21日起开始受理电子台胞证的申请，同时停止签发现行本式台胞证（见图3-11）。

图3-10　本式台胞证样本　　图3-11　电子台胞证样本

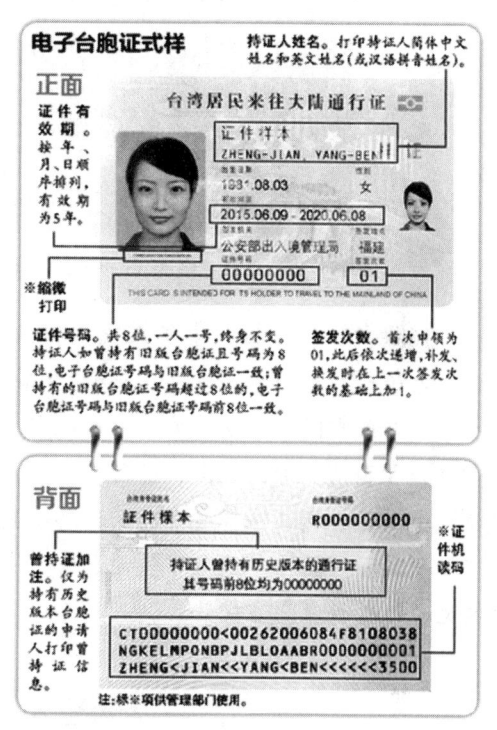

6. 大陆居民往来台湾通行证

大陆居民往来台湾通行证，俗称陆胞证或大陆证，为中华人民共和国公安部发给大陆地区居民前往中国台湾地区的旅行通行证件。通行证后附签注，签注种类有D签注：定居，J签注：居留，T签注：探亲，L签注：旅游（团队），Q签注：访友、接受和处理财产、处理婚丧事宜、诉讼等私人事务，Y签注：持国务院台湾事务办公室同意赴台湾地区批件赴台进行经济、文化、科技、体育、学术、合作研究等交流活动或者参见会议、进行两岸事务性商谈、采访，F签注：持国务院台湾事务办公室经济局"关于应邀往来台湾立项批复"赴台进行经贸、交流活动，C签注：执行两岸直航航运任务的人员，G签注：个人旅游。从2015年7月1日起《大陆居民往来台湾通行证》的有效期为10年。带有G签注的大陆居民往来台湾通行证样本如图3-12所示。

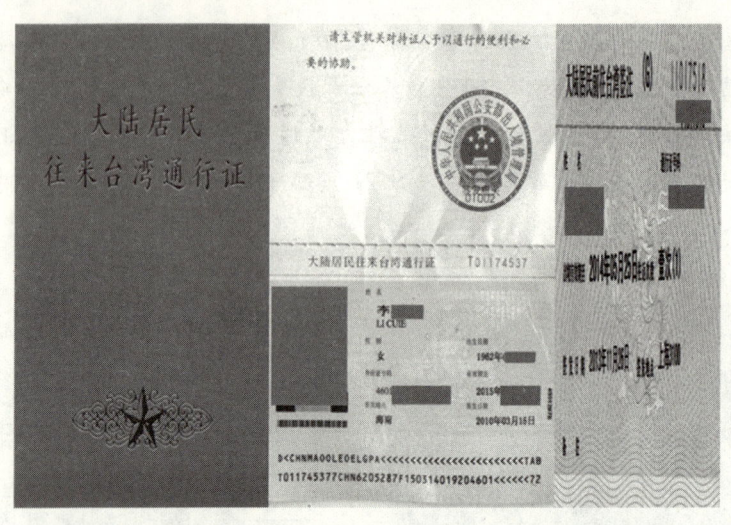

图3-12 带有G签注的大陆居民往来台湾通行证签注样本

2016年12月20日，中华人民共和国公安部发布公告，决定启用电子往来台湾通行证。电子台胞证为卡式证件，正面打印持证人照片及姓名、出生日期、性别等个人资料，以及有效期限、签发机关、签发地点、证件号码、签发次数等签发管理信息，背面打印持证人台湾身份证姓名、身份证号码、曾持证加注和机读码等，内嵌电子芯片存储持证人个人资料及证件签发管理等信息（见图3-13）。电子台胞证取消了签注区，同时对登记项目和可视信息进行了精简和优化，此外还采用数字安全防伪技术等多种安全防伪措施，防伪性能明显提升。

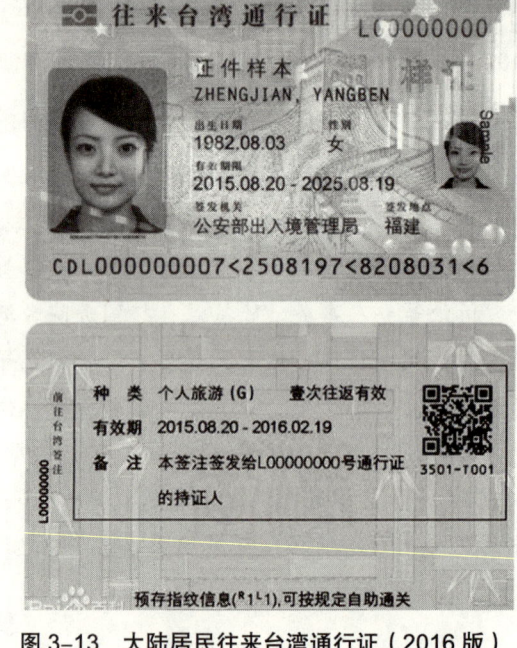

图3-13 大陆居民往来台湾通行证（2016版）

《导游领队引导文明旅游规范》相关条款

4.1.6 分类引导

4.1.6.1 针对不同旅游者的引导

a. 在带团工作前,导游领队人员应熟悉团队成员、旅游产品、旅游目的地的基本情况,为恰当引导旅游者做好准备。

b. 对未成年人较多的团队,应侧重对家长的引导,并需特别关注未成年人特点,避免损坏公物、喧哗吵闹等不文明现象发生。

c. 对无出境记录旅游者,应特别提醒旅游目的地风俗禁忌和礼仪习惯,以及出入海关、边防(移民局)的注意事项,提前告知和提醒。

d. 旅游者生活环境与旅游目的地环境差异较大时,导游领队应提醒旅游者注意相关习惯、理念差异,避免言行举止不合时宜而导致的不文明现象。

4.1.6.2 针对不文明行为的处理

a. 对于旅游者因无心之过而与旅游目的地风俗禁忌、礼仪规范不协调的行为,应及时提醒和劝阻,必要时协助旅游者赔礼道歉。

b. 对于从事违法或违反社会公德活动的旅游者,或从事严重影响其他旅游者权益的活动,不听劝阻、不能制止的,根据旅行社的指示,导游领队可代表旅行社与其解除旅游合同。

c. 对于从事违法活动的旅游者,不听劝阻、无法制止,后果严重的,导游领队人员应主动向相关执法、管理机关报告,寻求帮助,依法处理。

4.2 引导的主要内容

4.2.1 法律法规

导游领队人员应将我国和旅游目的地国家和地区文明旅游的有关法律规范和相关要求向旅游者进行提示和说明,避免旅游者出现触犯法律的不文明行为。引导旅游者爱护公物、文物,遵守交通规则,尊重他人权益。

4.2.2 风俗禁忌

导游领队人员应主动提醒旅游者尊重当地风俗习惯、宗教禁忌。在有支付小费习惯的国家和地区,应引导旅游者以礼貌的方式主动向服务人员支付小费。

4.2.3 绿色环保

导游领队人员应向旅游者倡导绿色出游、节能环保,宜将具体环保常识和方法向旅游者进行说明。引导旅游者爱护旅游目的地自然环境,保持旅游场所的环境卫生。

4.2.4 礼仪规范

导游领队人员应提醒旅游者注意基本的礼仪规范:仪容整洁,遵序守时,言行得体。提醒旅游者不在公共场合大声喧哗、违规抽烟,提醒旅游者依序排队、不拥挤争抢。

4.2.5 诚信善意

导游领队人员应引导旅游者在旅游过程中保持良好心态,尊重他人、遵守规则、恪守契约、包容礼让，展现良好形象。通过旅游提升文明素养。

5 具体规范

5.1 出行前

5.1.1 导游领队应在出行前将旅游文明需要注意的事项以适当方式告知旅游者。

5.1.2 导游领队参加行前说明会的，宜在行前说明会上，向旅游者讲解《中国公民国内旅游文明行为公约》或《中国公民出境旅游文明行为指南》，提示基本的文明旅游规范，并将旅游目的地的法律法规、宗教信仰、风俗禁忌、礼仪规范等内容系统、详细告知旅游者，使旅游者在出行前具备相应知识，为文明旅游做好准备。

5.1.3 不便于召集行前说明会或导游领队不参加行前说明会的，导游领队宜向旅游者发送电子邮件、传真或通过电话沟通等方式，将文明旅游的相关注意事项和规范要求进行说明和告知。

5.1.4 在旅游出发地机场、车站等集合地点，导游领队应将文明旅游事项向旅游者进行重申。

5.1.5 如旅游产品具有特殊安排，如乘坐的廉价航班上不提供餐饮、入住酒店不提供一次性洗漱用品的，导游领队应向旅游者事先告知和提醒。

5.2 登机（车、船）与出入口岸

5.2.1 导游领队应提醒旅游者提前办理检票、安检、托运行李等手续，不携带违禁物品。

5.2.2 导游领队应组织旅游者依序候机（车、船），并优先安排老人、未成年人、孕妇、残障人士。

5.2.3 导游领队应提醒旅游者不抢座、不占位，主动将上下交通工具方便的座位让给老人、孕妇、残障人士和带婴幼儿的旅游者。

5.2.4 导游领队应引导旅游者主动配合机场、车站、港口以及安检、边防（移民局）、海关的检查和指挥。与相关工作人员友好沟通，避免产生冲突，携带需要申报的物品，应主动申报。

5.3 乘坐公共交通工具

5.3.1 导游领队宜利用乘坐交通工具的时间，将文明旅游的规范要求向旅游者进行说明和提醒。

5.3.2 导游领队应提醒旅游者遵守和配合乘务人员指示，保障交通工具安全有序运行：如乘机时应按照要求使用移动电话等电子设备。

5.3.3 导游领队应提醒旅游者乘坐交通工具的安全规范和基本礼仪，遵守秩序，尊重他人：如乘机（车、船）时不长时间占用通道或卫生间，不强行更换座位，不强行开启安全舱门。避免不文雅的举止，不无限制索要免费餐饮等。

5.3.4 导游领队应提醒旅游者保持交通工具内的环境卫生，不乱扔乱放废弃物。

【技能拓展】

学生分组、分角色完成在机场集合不同团型（如高龄游客、商务团队）的任务，从中总结不同接待对象在团队集合工作中的要点。

【思考与练习】

1. 领队在机场集合团队时，如果有游客迟到，领队应该如何处理？
2. 领队在机场集合团队时，如果有游客临时取消旅行，领队该如何处理？

任务二　中国出境工作

出境手续是一项比较复杂的工作，这是对领队工作能力的检验。领队在出境手续的办理过程中需要经过海关检查、卫生检疫检查、边防检查、登机安全检查等关口，此外，还要办理登机手续、行李托运等手续。领队要对所有的手续都十分熟悉才能确保出境团队能够顺利出境。

任务描述

领队小王在机场顺利地集合好了团队，这时，在这一行24人的去往澳大利亚的游客中，有一些游客紧张地和小王说："我们是第一次出国，要办些什么手续才能顺利到达目的地？""海关是要怎么检查啊？"……面对这样一些游客，接下来，小王应该怎样带领游客出境。

任务分析

领队在出境手续的办理过程中需要经过海关检查、卫生检疫检查、边防检查、登机安全检查等关口，此外，还要办理登机手续、行李托运等手续。领队要对所有的手续都十分熟悉才能确保出境团队能顺利出境。

完成任务

（1）学生根据任务给出的情景，整理出领队在中国出境中的工作要点。

（2）依据整理出的知识点，学生分组进行中国出境工作流程的情景模拟训练。

（3）教师根据各组训练情况进行点评，并对知识点进行归纳。

方法与步骤

1. 海关手续的办理

根据《中华人民共和国海关法》和《中华人民共和国海关对进出境旅客行李物品监管办法》的规定，出入境旅客行李物品必须通过设有海关的地点出入境，并接受海关监管。

海关检查一般询问是否有需要申报的物品，或填写旅客携带物品入出境申报单，必要时海关有权开箱检查所携带物品。各国对入出境物品的管理各有不同的规定。一般来说，烟、酒等物品按照限额放行。文物、武器、毒品、动植物等为违禁品，非经特许不得入出国境。对于海关加封的行李物品，不要擅自开拆或者损毁海关施加的封志。

领队在带领游客经过中国海关时，需要做好的工作有：①提前告知游客中国海关禁止、限制出境的物品；②告知红色通道和绿色通道的选择。海关通道分为红色通道和绿色通道。领队带领携带有向海关申报物品的游客从红色通道到海关柜台办理手续，无须向海关申报物品的游客从绿色通道通过海关柜台等候。对于需要申报的游客，领队可先向海关柜台索取《中华人民共和国海关进出境旅客行李物品申报单》（见图3-14）发给游客，并协助游客填写。填写完成后，领队组织游客携带申报单、护照到海关柜台，经海关人员检验后，盖章准予放行。领队须提醒游客保管好申报单，以便回国入境时海关查验。

2. 登机手续的办理

（1）告知游客航空公司的相关规定。领队应熟知航空公司对乘机旅客行李的相关规定，并告知游客在办理乘机手续前，对一些可能出现的问题再次提醒游客。如贵重物品要随身携带，不能放在托运行李中，小刀、打火机等不能随身携带等。

（2）行李托运、换登机牌。领队首先收集好游客的护照、机票，到所对应的航空公司值机柜台前，交验全部护照、机票，办理登记手续，换取登机牌（目前，大部分航空公司都已经使用电子机票，在换取登机牌时领队就不需要出示机票）。同时，领队需组织游客将要托运的行李在柜台前顺序摆放，以便办理行李托运手续。在行李托运过程中，领队需要仔细核对行李牌与实际行李的数量是否一致。在办理完登机手续后，领队应该在柜台前仔细核对工作人员交还的护照、机票、登机牌、行李牌等物品是否齐全完整。

（3）发放边检所需证照。在办理完登机手续后，领队应该把游客通过边检所需的证照发还给游客，包括护照、机票、登机牌等。在发放过程中要注意提醒游客妥善保管自己的证件，并要求游客当面清点。全团统一托运的行李牌不再发放，由领队统一保管。

中华人民共和国海关
出境旅客行李物品申报单

请先阅读背面的填表须知，然后在空格内填写文字信息或划√

1. 姓名　拼音　□
　　　　中文正楷　□

2. 出生日期　□ 年 □ 月 □ 日

3. 性别　男 □　女 □

4. 进出境证件号码　□

5. 国籍（地区）　中国 □（香港 □ 澳门 □ 台湾 □）
　　　　　　　　外国　□

6. 出境事由　公务 □　商务 □　旅游 □　学习 □
　　　　　　定居 □　探亲访友 □　返回居住地 □　其他 □

7. 航班号/车次/船名　□　　8. 同行未满16周岁人数　□

我（我们）携带：

9. 需复带进境的单价超过人民币5,000元的照相机、摄像机、手提电脑等旅行自用物品　是 □ 否 □
10. 超过20,000元人民币现钞，或超过折合5,000美元外币现钞　是 □ 否 □
11. 金银等贵重金属　是 □ 否 □
12. 文物、濒危动植物及其制品、生物物种资源　是 □ 否 □
13. 无线电收发信机、通信保密机　是 □ 否 □
14. 中华人民共和国禁止和其它限制出境的物品　是 □ 否 □
15. 货物、货样、广告品　是 □ 否 □

我已阅知本申报单背面所列事项，并保证所有申报属实。

携带有9-14项下物品的，请详细填写如下清单：

品名/币种	数量	金额	型号	海关批注

旅客签名　　　　　　　　年　月　日

图 3-14　中华人民共和国海关出境旅客行李物品申报单样表

3. 卫生检疫

为了防止传染病由国外传入或者由国内传出，保护人体健康，根据国际惯例及习惯法，各国都制定了《国境卫生检疫法》。我国依照《国境卫生检疫法》设立了国境卫生检疫机关，在入出境口岸依法对包括游客在内的有关人员及其携带的动植物和交通运输工具等进行传染病检疫、检测和卫生监督，只有经过检疫，由国境卫生检疫机关许可，才能入出境。

出境旅游团在出境时，根据前往的国家和停留的时间长短，可能会要求游客提前办理《国际预防接种证书》和《国际旅行健康检查证明书》，也就是俗称的"黄皮书"和"红皮书"。如遇这种情况，领队应提前告知游客办理地点，否则在达到该国时可能会被隔离、采取强制检疫等措施。

领队在组织游客进行卫生检疫时，应该积极将相关证明书移交查验，组织游客有序通过。如遇特殊卫生检疫（如体温筛查等），领队应积极配合检疫人员检疫。

4. 边防检查

边防检查是指对出入国境人员的护照、证件、签证、出入境登记卡、出入境人员携带的行李物品和财物、交通运输工具及其运载的货物等的检查和监护，以及对出入国境上下交通运输工具的人员的管理和违反规章行为的处理等。

边防检查是为了保卫国家的主权和安全，而对出入国境的人员等进行的检查。边防检查的内容包括：护照检查、证件检查、签证检查、出入境登记卡检查、行李物品检查、交通运输工具检查等。

（1）填写《边防检察出境登记卡》。因私出国人员到达出境口岸时，首先要填写一张《边防检查出境登记卡》（见图3-15）。《边防检查出境登记卡》中填写的内容都是中文，因此，领队只需简要指导游客按要求填写即可，如游客需要，此卡可由领队填写完毕后交由游客。

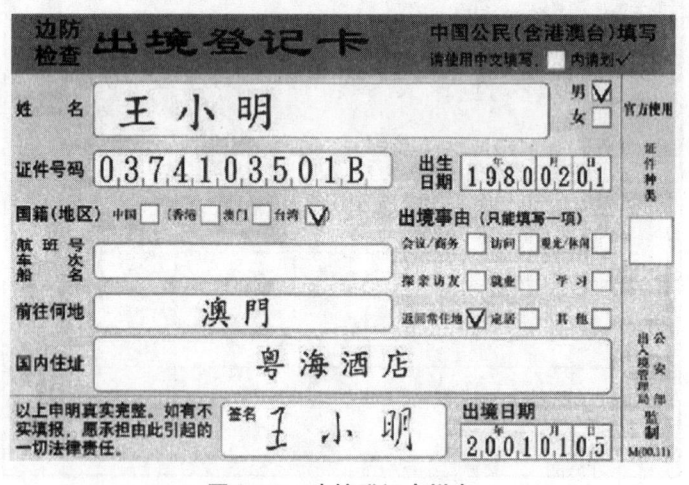

图3-15 出境登记卡样本

（2）接受检查。领队组织带领游客排队依次接受边防出境检查，领队提醒游客并将自己的护照、身份证、签证、机票、登机牌以及填写无误的《边防检查出境登记卡》等一并交给边防检查人员，由边防检查人员进行逐项检查。边防检查人员对持照人的证件进行核查（包括护照是否真实有效，签证是否真实有效，护照和身份证内容是否一致等）后在护照上加盖验讫章（该章内包括出境口岸的名称、编号、"出境边防检查"字样和年月日等），并将出境登记卡留存于边防检查站。上述手续完毕后，将护照、签证、机票、登机牌等当面交给持照人。

如果团队是团体签证或到免签国家，领队应主动出示《中国公民出国旅游团队名单表》及领队证、团体签证。所有游客应由领队事先按照名单顺序排队逐一通过边防检查。

5. 登机前的安全检查

对于出国旅行的公民来说，安全检查是口岸几项检查中的最后一项检查。也就是说，是在经过海关和边防检查之后进行的。旅客通过安全检查后，即可直接登机启程了。

中国主要国际通行口岸，主要使用电视监视机和探测门对登机的旅客实施安全检查。旅客人身和行李物品，实行分离式检验。领队在带领团队通过安检时，要提醒游客有序通过，并要求游客严格按照机场安检人员的要求积极配合安检。

在进入机场安检口时，把手提包一类随身携带的行李物品放在传送带上，如有异物可见，还要开包或开箱查检。旅客本人则要通过探测门进行查验，探测门也称安全门。在通过之前，需要将自己身上带有的钥匙、手机等金属制品一一掏出来，交给检查员放在一个托盘里，通过安全门后再归还。如果通过时，探测门发出报警铃声，则要求旅客自己再仔细掏一遍，直到全部取出金属类制品，铃声不响为止。如果仍然铃声不停，有的视情况还需要由检查员进行人身检查。否则，不予以放行。

6. 等待登机

在完成了以上所有手续后，领队应召集游客前往登机牌上标明的登机口处等待候机。如时间过早，领队可让游客自由活动，但需与游客约定好集合登机时间并向游客指明登机口所在位置，以免误机。

【知识链接】

中国海关通道

我国海关和国际上许多国家的海关都对旅客行李采用"红绿通道"验收制度。"红色通道"为申报通道，"绿色通道"为无申报通道。进出境旅客根据自身携带物品情况，选择办理海关手续。

（1）红色通道。

红色通道也称"应税通道"。旅游团队抵达出境地点，首先需要办理海关手续，如有物品申报，要按规定填写"中华人民共和国海关出境旅客行李物品申报单"从红色通道过关，办理海关手续。申报单不得涂改，不得遗失。

具有以下情况之一的出境旅客应选择"红色通道"通关，填写申报单，并将申报单交由海关办理物品出境手续。

①携带需复带入境的照相机、便携式收录机、小型摄影机、手提式摄录机、手提式

文字处理机等旅行自用物品；

②未将应复带出境物品原物带出，或携带入境的暂时免税物品未办结海关手续者；

③携带外币、金银及其制品，未取得有关出境许可证明或超出本次入境申报数额者；

④携带人民币现钞6000元以上者；

⑤携带文物者；

⑥携带货物、货样者；

⑦携带出境物品超出海关规定的限值、限量或其他限制规定范围的；

⑧携带中国检疫法规管制的动、植物及其产品，以及其他须办理特殊验收手续的物品者；

⑨不懂海关规定或不知如何选择通道的旅客。

（2）绿色通道。

绿色通道也称"免税通道"或"无申报通道"。旅客携带无须向海关申报物品和持有外交签证或礼遇签证的人员，可选择"绿色通道"通关，但需要向海关出示本人证件和按规定填写申报单据。

中华人民共和国禁止出境物品

（1）各种武器、仿真武器、弹药及爆炸物品。

（2）伪造的货币及伪造的有价证券。

（3）对中国政治、经济、文化、道德有害的印刷品、胶卷、照片、唱片、影片、录音带、录像带、激光视盘、计算机存储介质及其他物品。

（4）各种烈性毒药。

（5）鸦片、吗啡、海洛因、大麻以及其他能使人成瘾的麻醉品、精神药物。

（6）带有危险性病菌、害虫及其他有害生物的动物、植物及其产品。

（7）有碍人畜健康的、来自疫区的以及其他能传播疾病的食品、药品或其他物品。

（8）内容涉及国家秘密的手稿、印刷品、胶卷、照片、唱片、影片、录音带、录像带、激光视盘、计算机存储介质及其他物品。

（9）珍贵文物及其他禁止出境的文物。

（10）濒危的和珍贵的动物、植物（均含标本）及其种子和繁殖材料。

中华人民共和国限制出境物品

（1）金银等贵重金属及其制品。

（2）国家货币。

（3）外币及其有价证券。

（4）无线电收发信机、通信保密机。

（5）贵重中药材。
（6）一般文物。
（7）海关限制出境的其他物品。
（8）公民出境携带行李物品免税数量和限值在限量和限值的范围内，允许携带下列物品：

①食品、衣料、衣着和价值人民币 50 元以下的其他生活用品；

②酒 2 瓶，烟 600 支；

③治疗常备用药，总值不得超过人民币 200 元，单一品种限合理数量，麝香、蟾酥不准带出，对当归、枸杞、黄芪、肉桂、桂皮等 5 种药材，如超出规定的免税量时，要征收出口税，人参、鹿茸限各 200 克；

④手表、收音机、自行车、电风扇各 1 件；

⑤电视机、收录音机、照相机、电冰箱、洗衣机等各 1 件。

中国出境卫生检疫须知

（1）经批准出国一年以上的各类出国人员，出国前须到中国检验检疫机关所下属的国际旅行卫生保健中心（简称保健中心）接受健康检查、预防接种，领取《国际旅行健康检查证明书》（简称健康证明书），出境时须向中国检验检疫机关出示，方能出境。中国出入境管理机关凭中国检验检疫机关签发的健康证明书办理出境手续。对未办好上述手续者，检验检疫机关视情况可以阻止其出境。

（2）在国外居住三个月以上的国内公民回国，入境后须到就近的保健中心接受健康检查，领取健康证明书，居住所在地公安机关予以协助，并凭健康证明书办理有关手续。

（3）出境人员为保障自己的身体健康和出行方便，最好到保健中心接受国际旅行卫生保健咨询（也可电话咨询），以了解我国和前往国（或地区）在体检和预防接种方面的相关要求，特别是前往国（或地区）的疾病流行状况和应采取的相关保健措施。对于法定体检和预防接种对象，必须办理并领取《国际旅行健康检查证明书》和（或）《国际预防接种证书》，方能出境。

（4）持有各国所发的体检表格的出国人员，可持体检表格在我中心接受健康检查。本中心将根据所持体检表格的要求增加体检项目，并签发各国体检表格。

《国际预防接种证书》

《国际预防接种证书》通称黄皮书（见图 3-16），是世界卫生组织为了保障入出国（边）境人员的人身健康，防止危害严重的传染病，通过入出国（边）境的人员、交通工具、货物和行李等传染和扩散而要求提供的一项预防接种证明，其作用是通过卫生检疫措施而避免传染。

图 3-16　国际预防接种证书

边防检查相关知识

（1）不准出境的人士：
①刑事案件的被告人和公安机关或者人民检察院或者人民法院认定的犯罪嫌疑人；
②人民法院通知有未了结民事案件不能离境的；
③被判处刑罚正在服刑的；
④正在被劳动教养的；
⑤国务院有关主管机关认为出境将对国家安全造成危害或者对国家利益造成重大损失的。

（2）下列人士，边防检查站有权阻止其出境：
①未持出境证件的；
②持有无效出境证件的；
③持用他人出境证件的；
④持用伪造或者涂改的出境证件的；
⑤拒绝接受边防检查的；
⑥未在限定口岸通行的；
⑦国务院公安部门、国家安全部门通知不准出境的；
⑧法律、行政法规规定不准出境的。

（3）下列人士，边防检查站有权限制其活动范围，进行调查或者移送有关机关处理：
①有持用他人出境证件嫌疑的；

②有持用伪造或者涂改的出境证件嫌疑的；

③国务院公安部门、国家安全部门和省、自治区、直辖市公安机关、国家安全机关通知有犯罪嫌疑的；

④有危害国家安全、利益和社会秩序嫌疑的。

（4）出境交通运输工具有下列情形之一的，边防检查站有权推迟或者阻止其出境：

①离口岸时，未经边防检查站同意，擅自出境的；

②拒绝接受边防检查、监护的；

③被认为载有危害国家安全、利益和社会秩序的人员或者物品的；

④被认为载有非法出境人员的；

⑤拒不执行边防检查站依法做出的处罚或者处理决定的；

⑥未经批准擅自改变出境口岸的。

边防检查站在前款所列情形消失后，对有关交通运输工具应当立即放行。

常见航空公司国际行李托运免费数额

航空公司	免费托运数量（国际航线）
中国国际航空	日本航空经济舱 托运：2件，23千克/件 手提5千克 其他国际航线 托运：1件，23千克 手提5千克
中国东方航空	托运2件，23千克/件
中国南方航空	涉美国航线 托运1件，45千克 其他航线 托运1件，32千克
中国海南航空	航线不同，托运件数不同 一般：托运23千克/件
美国联合航空	托运23千克
德国汉莎航空	托运1件，23千克 手提1件，8千克
日本航空	托运2件，23千克/件 手提1件，10千克
英国航空	托运2件，23千克/件
阿联酋航空	托运2件，23千克/件 手提1件，7千克

中国民航关于乘坐飞机携带物品须知

（1）不能携带且托运的物品。

枪支、军用或警用械具类（含主要零部件），包括：仿制品；爆炸物品类，包括：仿制品，管制刀具；易燃、易爆物品，包括：仿制品；毒害品：包括氰化物、剧毒农药等剧毒物品；腐蚀性物品：包括硫酸，盐酸，硝酸，有液蓄电池，氢氧化钠，氢氧化钾等；放射性物品：放射性同位素等放射性物品；其他危害飞行安全的物品，如可能干扰飞机上各种仪表正常工作的强磁化物、有强烈刺激性气味的物品等；国家法律法规规定的其他禁止携带，运输的物品。

（2）禁止携带但可托运的物品。

危害航空安全的物品都是禁止携带的，但可托运的物品有：菜刀、大剪刀、大水果刀，剃刀等生活用刀，手术刀。屠宰刀，雕刻刀等专业刀具，文艺单位表演用的刀、矛、剑、戟等，以及斧、凿、锤、锥、加重或有尖钉的手杖、铁头登山杖和其他可用来危害航空安全的锐器、钝器等。

（3）可随身携带但有限制的物品。

大多数化妆品都属于液体、凝胶状物体，随身携带是有限制的，即使是托运也需要特定的包装。随身携带时须将物品放置在容量不超过100ml的器皿内，瓶子最大只能有100ml，就算125ml的容器只装了100ml东西在里面，也是不允许的；再将器皿放在透明的可重复密封的塑料袋内。袋口封妥，每人只限一袋，塑料袋与其他手提行李分开，供安检人员检查。化妆瓶不要带太多，液体物品累计不得超过1000毫升（或1千克），否则必须托运。

（4）其他规定。

中国民航总局规定：禁止游客携带打火机、火柴乘坐民航飞机，不论是手提行李还是托运行李都禁止夹带打火机、火柴，游客不能携带未关闭的手机、电脑等物品及强磁物品乘坐飞机。充电宝禁止托运，每名旅客随身携带充电宝数量不能超过两个，充电宝额定能量不超过100Wh（瓦特小时）的无须航空公司批准就可带上飞机；超过100Wh但不超过160Wh的，经航空公司批准后方可携带；未标明相关技术参数的一律禁止携带。

安全检查相关知识

安全检查是世界各国普遍采用的一种查验制度，凡是登机旅客都必须经过检查后，方能允许进入飞机。这种检查与海关和边防检查不同，不存在任何免检对象，无论是什么人，包括外交人员、政府部长和首脑，无一例外，一律要经过检查。主要是检查旅客是否携带枪支、弹药、凶器、易爆易燃物品、剧毒品，以及其他威胁飞机安全的危险物品。对身份及随身携带行李检查方式有以下五种：

（1）搜身。

检查员从上、下、前、后用手摸搜旅客，但不搜衣袋。一般男检查员搜男性旅客，女检查员搜女性旅客。

（2）用磁性探测器近身检查。

检查员手持一种探测器，贴近旅客身体搜索全身上下前后。仪器遇到手表、衣袋内的钥匙、小刀、纪念章等金属物后，即会发出特殊声音，旅客则需要从衣袋内取出全部金属物再进行检查，直到检察员消除怀疑为止。

（3）过安全门。

一种门式检查装置旅客需从门框内一一通过。如果身上携带金属物，装置就会发出信号，检查员对有怀疑的人再做搜身检查。

（4）物品检查。

打开全部物品进行检查。

（5）用红外线透视仪器检查。

将全部手提行李放在输送带上送入检查。检查员通过监视荧光屏观察物品，对有怀疑的物品要打开箱检查。有些国家或地区要求旅客将物品送入红外线透视仪，检查前取出未曝光的胶卷。

中国公民出境旅游文明公约

随着出境游人数的不断增多，2013年5月28日，国家旅游局发布《中国公民国内旅游文明行为公约》和《中国公民出国（境）旅游文明行为指南》，以提升公民素质，提倡文明旅游。领队在出境前，应按要求积极宣讲。

（1）《中国公民国内旅游文明行为公约》。

营造文明、和谐的旅游环境，关系到每位游客的切身利益。做文明游客是我们大家的义务，请遵守以下公约：

①维护环境卫生。不随地吐痰和口香糖，不乱扔废弃物，不在禁烟场所吸烟。

②遵守公共秩序。不喧哗吵闹，排队遵守秩序，不并行挡道，不在公众场所高声交谈。

③保护生态环境。不踩踏绿地，不摘折花木和果实，不追捉、投打、乱喂动物。

④保护文物古迹。不在文物古迹上涂刻，不攀爬触摸文物，拍照摄像遵守规定。

⑤爱惜公共设施。不污损客房用品，不损坏公用设施，不贪占小便宜，节约用水用电，用餐不浪费。

⑥尊重别人权利。不强行和外宾合影，不对着别人打喷嚏，不长期占用公共设施，尊重服务人员的劳动，尊重各民族宗教习俗。

⑦讲究以礼待人。衣着整洁得体，不在公共场所袒胸赤膊；礼让老幼病残，礼让女士；不讲粗话。

⑧提倡健康娱乐。抵制封建迷信活动，拒绝黄、赌、毒。

（2）《中国公民出国（境）旅游文明行为指南》。

中国公民，出境旅游，注重礼仪，保持尊严。
讲究卫生，爱护环境；衣着得体，请勿喧哗。
尊老爱幼，助人为乐；女士优先，礼貌谦让。
出行办事，遵守时间；排队有序，不越黄线。
文明住宿，不损用品；安静用餐，请勿浪费。
健康娱乐，有益身心；赌博色情，坚决拒绝。
参观游览，遵守规定；习俗禁忌，切勿冒犯。
遇有疑难，咨询领馆；文明出行，一路平安。

【技能拓展】

（1）分组设计情景模拟填写《中华人民共和国海关出境旅客行李物品申报单》。
（2）分组设计情景模拟填写《边防检查出境登记卡》。

【思考与练习】

1. 中国公民在国外丢失护照应该怎么办？
2. 团队在机场办理出境手续时，如果有游客走丢了，作为领队应该怎么办？

任务三　他国离境工作

在旅游团完成了在他国所有旅游行程后，旅游团的工作就开始进入尾声。领队的带团工作也开始收尾，开始把工作重心放在组织旅游团回国的活动中来。从离开他国到入境中国，还有许多程序需要领队一步步进行，他国离境与中国出境在程序上有很多相似之处，但也不完全相同，领队需要掌握所有程序的流程，有条不紊地按顺序开展，才能保证出境旅游的团队顺利回国。

任务描述

领队小王所带领的澳大利亚一行24人团队的旅游车缓缓驶入机场停车场，在确认游客已带齐所有行李与随身物品后，领队小王组织游客向"国际出发"大厅走去，在即将乘机返回中国之前，领队小王还有哪些要做的工作？

任务分析

在搭乘飞机离开他国返回中国前，领队还需带领游客办理各种离境手续，大致包括办理乘机手续、购买机场税、办理购物退税，此外还需指引游客有序通过边防检查、海关检查等，领队要对所有的手续都十分熟悉才能确保团队顺利离境。

完成任务

（1）学生根据任务给出的情景，整理出领队在他国离境中的工作要点。
（2）依据整理出的知识点，学生分组进行他国离境工作流程的情景模拟训练。
（3）教师根据各组训练情况进行点评，并对知识点进行归纳。

四、方法和步骤

（1）提前到达机场。

旅游团在结束他国的所有旅游行程后，领队和导游需要共同商议一个合适的时间离开他国前往机场，按照许多国家国际机场的要求，离境客人至少需要提前2~3小时到达机场。在前往机场的途中，领队需要再次确认全团的护照和机票，当游客抵达机场后，领队和导游人员需当面与游客一同确认行李和随身物品是否带齐。在抵达机场后，领队需查看电子屏幕的出发航班信息，确认办理登机手续及托运行李的柜台号，再次召集游客告知旅客托运行李的有关注意事项，如贵重物品、护照、现金、信用卡、相机、金银珠宝首饰、手机、笔记本电脑等随身携带，切勿放入托运行李，并让客人自己携带行李。

（2）办理乘机手续。

乘机手续的办理主要包括行李托运和换取登机牌两个部分。办理时，领队需快速带领游客按照之前确认的所乘航班对应的航空公司值机柜台前办理。在等待过程中，领队需组织好游客按顺序排队并清点行李数量。同时，需将全部机票、护照、签证等旅行证件交给柜台的服务员，经核对无误之后，接着是行李过磅，柜台旁边设置有台秤，除了手提行李以外，都要上秤。在行李托运完毕后，领队需认真核对行李牌上的数量与之前清点行李的数量是否一致。在习惯收取小费的国家，如有行李员帮助时，领队需准备好小费付给行李员。

办完登机手续，领队不要急于离开柜台，要当面将护照、签证、机票、登机牌、行李牌清点无误再行离开。

（3）分发证件、登机牌。

在办理完乘机手续之后，领队需要把团队再次集合开一个离境前的短会，大致的内容包括：①简要介绍办理离境手续的程序；②说明机票、登机牌上的信息，强调本次离境的航班号、登机时间、登机口等；③与游客约定好办完出境手续后在登机口集合的时间，注意提醒游客安排好自由活动时间以免误机；④其他有关安全的提醒工作。

在说明注意事项后，领队将护照、签证、机票、登机牌等逐一发放给游客，并当面点清，提醒保管事项。

（4）购买离境机场税。

通常情况下，国外机场的机场税会在购买机票时一起收付，机场税的金额会打印在机票上，但也有一些国家的国际机场，机场税是不在机票中代收的，需要在乘机前购买。领队在出团前应对此项费用如何支付有所了解，如需要领队支付，则领队就需要在购买后将机场税凭据发给每位游客，以便游客应对关口检查。机场税如需交还旅行社报账，在应对关口检查之后，领队还应该把机场税收据收回妥善保管。

（5）填写出境卡。

许多国家的出境卡是与入境卡印制在一张纸上，游客在入境时就需要填写完成。入境时，入境官会将入境卡部分撕下留存，然后把出境卡部分订在或夹在护照里交还游客。游客在出境时，无须再重新填写出境卡，只要交护照查验即可，但如果游客将出境卡丢失，就需要重新补填。

不是所有的国家出境时都需要填写出境卡，如瑞士的出入境就没有填写出入境卡之说。另外，持团体签证的旅游团，在他国离境时，通常也不需要填写出境卡。

（6）通过离境边检。

各国的出境边防检查，相对于入境而言，在手续办理上较为宽松。领队只需组织好游客顺序依次办理手续即可，游客有了入境手续的经历后，对于出境检查也会比较轻松。

领队带领游客进入离境边检区域后，在出境检查柜台前排队，依次办理离境手续。游客向边检官提交护照、机票、登机牌后，站立等候查验。如查验无误，查验人员即在护照上盖离境章，然后将所有物品交还游客，离境手续结束。通常情况下，各国的出境边检的办理都要比入境边检手续快。领队要组织好游客带齐证照通关，并注意提醒游客在"一米线"外等候。

（7）办理海关手续。

领队在带团到他国旅游时，必须提前了解该国海关规定的出境禁止携带的物品，并在必要时告知游客，以免发生不必要的麻烦。出团前，领队可通过该国驻华使领馆、旅游局网站等了解，也可向该国导游询问，要尽力避免出现因携带违禁品被他国海关扣押的事件，向游客告知他国海关违禁品是领队的责任和义务。此外，领队也不能忘记提醒游客注意中国海关的入境物品限制，以免发生购买物品可以在他国离境却无法入境中国的尴尬局面。

国外机场海关的检查方式多以抽查为主。通过海关前，领队应该就海关规定及申报的利害关系告知游客，要求游客主动向海关申报限制携带出境的物品。无申报物品的游客无须填写海关申报单,直接通过海关柜台即可。如果游客携带了限制出境的物品而没有申报,将会受到惩处,因此,领队要提醒并帮助游客填写海关申报单必要时帮助游客与海关人员交涉,以免出现麻烦。

(8)办理购物退税手续。

各国机场关于购物退税的方法和地点大多不同,领队应该事先了解机场的规定,询问清楚再告知游客,也可询问该国导游,领队要事先了解该国退税规定和操作方式,以便为游客提供帮助。对多数中国游客而言,在国外离境时办理购物退税,在语言方面会有诸多不便,游客往往很难在短时间内完成退税,领队可建议游客回到国内办理退税手续。目前已有一些退税公司在我国在北京、上海、广州等大城市设立了退税点。

(9)准备登机。

领队与游客约定集合登机时间并向游客指明登机口所在位置,提醒游客不要因忙于购物而忘记集合时间,以免发生误机现象。领队需要随时关注航班信息,如有登机时间或登机口发生变更一定要第一时间通知游客,并提醒游客注意收听机场关于航班信息的广播。

【知识链接】

登机牌

登机牌(boarding pass/boarding card)(见图 3-16)是机场为乘坐航班的乘客提供的登机凭证,乘客必须在提供有效机票和个人身份证件后才能获得,也有人称之为登机证或登机卡。常见的登机牌绝大多数为硬纸卡,大小形状不一,1997 年后国内统一使用长方形,约 80 毫米宽、200 毫米长的登机牌,正面印有机场、航空公司或民航机构的名称和徽记,以及可供填写乘机人姓名、航班号、航班起讫站、座位号、舱位等级、日期与登记时间、登机口等内容,部分登机证还注明允许吸烟航班或禁烟航班的标志。

根据机票的等级,登机证通常可分为 4 种,分别为经济舱登机证、头等舱登机证、公务舱登机证和过站登机证。20 世纪 80 年代之前,我国使用的登机证印制十分简单,多为手工填写和加盖橡皮戳记。随着电脑技术的广泛应用,现在所有机场或航空公司都采用电脑打印。近年来,登机证的印制更加精美,背面还出现了不少广告内容,成为引人入胜的集藏品种。乘坐民航班机,登机牌必须人手一张,婴儿也不例外。2009 年 4 月 8 日,中国南航和中国移动合作,在国内率先推出了电子登机牌服务。如今,登机牌已采用国际通用的英文单式,图案更加丰富多彩。

办理登机手续及行李托运手续注意事项

(1)欧美团领队要把护照,机票(电子客票)分发给客人,在领队带领下到柜台,协助客人自行排队办理登机及行李托运手续。如遇转机，领队帮助客人查看两程登机牌有无拿到或拿错。

（2）东南亚领队拿齐护照（通行证），机票（电子客票），团队名单表，统一办理登机牌；拿到登机牌后，把护照，登机牌分发给客人。再带领客人到柜台，协助客人自行办理行李托运手续。

（3）港澳台团领队带齐港澳通行证或台湾通行证，团队名单表，机票（电子客票），入台证，统一交给柜台，办理登机牌；办理完登机牌，领队一起把通行证，登机牌分发给客人，在领队带领下，协助客人办理行李托运手续。

（4）统一办完行李托运，清点人数，提醒客人查看行李标签，有转机的，查看两段飞行地点有漏打，以防拿不到托运行李。

国际机场税

国际机票的机场税是国外机场收取的税费，要求旅客在购票时一起付清。具体的税项及金额打印在机票上作为凭据。国际机场税是在购买国际机票时出现的税，是航空公司代当地国家政府征收的一种税。国际机票的税大致分为三种：过境税、离境税、入境税，个别国家还有其他名目的税。例如，在美国，除了有上述税以外，还有机场税、海关使用税、动植物检疫检查费等。税费一般根据购买机票时的汇率变化而变化，这就是为什么上次购买机票和这次购买机票是航程一样的，但是税的金额却不同的原因。当然相差的比率并不大。

按照中国国内组团社与出境旅游游客签署的出境旅游合同的规定，境外机场税一项应该包含在正常的旅游收费中，应由旅行社予以支付。通常情况下，在境外机场发生的机场税，是由境外当地接团社来支付的。境外接待社与国内组团社的包价旅游报价当中，一般会包含有机场税一项。因此，一般情况下，机场税是由境外接团社的导游来代为购买。

团体签证

团体旅游签证是旅游签证中的一种，其特点是签证不做在护照上，旅游者须随团集体出、入国境。10人及以上的旅游团可发放团体签证，团体签证一式三份，签发机关留一份，旅游团两份，一份用于入境，一份用于出境。

各国海关对离境携带物品的限制

（1）游客入境时申报过的物品必须携带离境。

（2）许多国家的海关对携带货币的限额。如塞舌尔，在机场入境时不设外汇申报点，但在出境时对外汇检查非常严格，一旦发现旅客所携带外汇超过其规定数额（400美元），即予以没收。土耳其海关规定，携带相当于100美元的土耳其货币出境必须申报。

（3）对动物、植物及骨骼的离境的限制。如坦桑尼亚海关规定：出关者禁止携带象牙、犀牛角等物品。在塞舌尔，海椰子被视为国宝，携带海椰子离境，必须持有塞舌尔有关部门颁发的编号和许可证，否则将被重罚。

（4）其他类型的限制。还有一些海关的特殊规定，如土耳其海关规定，携带贵重物品或电器离境要申报，而古董、红茶、咖啡和香料禁止携带离境。

【技能拓展】

由学生分小组、分角色完成持团体签证的旅游团在他国出境时的相关工作。

【思考与练习】

1. 当团队到达机场后，游客发现自己有物品遗落在酒店，领队应该如何处理？
2. 领队如何避免游客在境外机场离境时发生误机现象？

项目四

入境时的工作

领队与旅游团一起乘坐交通工具，前往旅游目的地国家，在途中提供服务，进一步熟悉游客，抵达目的国家后协助游客办理海关、卫生检疫等手续。由于乘坐交通工具时间较长，客人比较劳累，因此领队在照顾好游客的同时，在抵达目的地国家前应协助游客填写入境卡、海关卡等。从离开旅游目的地国家到入境中国，归国程序需要一步步进行，领队要求稳定心态，掌握好节奏，保证出境旅游的带团活动能在有条不紊的工作中圆满结束。

【学习目标】

- 掌握他国入境海关相关规定；
- 学会办理他国入境工作流程；
- 学会入境表格的填写；
- 掌握中国海关相关规定；
- 学会中国入境工作流程。

任务一　他国入境工作

旅游团在他国入境途中，需要乘坐飞机、轮船、火车等交通工具，由于旅途占用时间较长，领队可利用这段时间与游客进行必要的沟通与交流，并做好入境前的相关准备工作。

任务描述

昆明某公司一行 14 人报名参加了旅行社泰国 4 晚 5 日的行程，旅行社委派领队李先生带领该团。在国内机场集合好游客以后，领队李先生为游客办理好登机手续，团队顺利登机，在飞行到目的地泰国曼谷机场的过程中，领队李先生应该完成哪些工作？

任务分析

《旅行社出境旅游服务质量》规定：飞行途中，领队应协助机组人员向游客提供必要的帮助和服务。该任务需要领队熟悉入境途中的领队的工作流程和相关规定，并要求领队掌握对游客的基本情况，以便更好地服务游客，处理应急事件。

完成任务

（1）学生根据任务给出的情景，整理出领队在团队入境途中的工作要求。
（2）学生分组进行情景模拟，训练如何帮助游客正确填写入境卡。
（3）教师根据各组训练情况，进行点评，并对知识点进行归纳。

方法与步骤

1. 为游客提供帮助及服务

（1）协助游客确认座位。协助游客在机上顺利找到自己的座位，当游客之间有亲属或者朋友一同出行，有换座要求的游客，在不影响其他客人和飞行安全的前提下，领队应在飞机起飞前请工作人员协调调换座位。

（2）用餐习惯方面的处理。领队应掌握游客的民族和饮食习惯等个人信息，在旅途中，如果有游客因宗教信仰、饮食习惯、身体状况等原因对用餐有特殊要求的，领队应在空乘人员派送食品之前协调沟通，进行个别处理。在派送餐食时，领队应根据情况，及时给游客提供语言上的帮助。

（3）熟悉机上相关救生设备。领队在登机过程中，应随时观察并牢记飞机内部安全门的位置及各种，救生设备摆放的位置，要引导游客认真倾听空乘人员讲解和演示相关救生工具的使用方法，如出现紧急状况，领队要确保团队所有成员均能正确地使用救生设备并带领团队成员到达安全门，并根据机上相关提示，配合空乘人员安抚游客。

（4）与游客做好沟通。飞行途中可就此次行程的相关问题进行沟通，以尽快与游客建立信任感。通常可就以下问题进行沟通：①飞机抵达他国的当地时间，两国时差；②他国天气情况；③他国酒店情况；④他国用餐情况；⑤他国城市及景点情况。

2. 协助游客填写相关表格

在飞行途中，领队需要利用这段时间帮助团队成员填写目的地国家入境所需要的相关表格。表格通常包括：目的地国家入境卡、目的地国家海关申报单等。

（1）出入境卡填写。入境卡原则上用英文填写，通常由领队在机场的入境边检台处领取或者飞机上向空乘人员领取。入境卡内容一般包含以下几项内容：姓名、性别、出生年月日、证件号码、停留天数、签证日期、签证号码、入境目的、航班号、抵达目的地过后的居住地址等。领队应在出发前把游客的护照复印件及其他信息随身携带，以便填写入境卡。

（2）海关申报单。海关申报单同入境卡一样，一般包括：姓名、出生地、出生日期、国籍航班号、抵达目的地国后的居住地址、随行家属姓名及本人的关系、签证日期、签证号码、随身携带的物品等。麻醉品、精神药物、武器弹药、抗生素、动植物、肉类及家禽禁止入境，允许游客携带的入境物品一般不超过5000美元，携带的现金数额也有限制。不同国家的入境海关申报规定有差异，但按照法律规定，如实申报是游客必须遵守的基本原则，游客如果因为违反规定被查获，有可能面临罚款或承担相应的法律责任。

【知识链接】

卫生检疫

由于各国法律规定的不同，各个国家的卫生检验检疫内容差别较大。有些国家需要检验黄皮书和健康申报单，有些国家则不需要查验，只对入境游客进行检视，发现患病游客时再加以询问。

黄皮书即《国际预防接种证书》，是世界卫生组织为了保障出入境人员的人身健康，防止危害严重的传染病通过出入境国的人员、交通工具、货物和行李等进行传染和扩散，而要求提供的一项预防接种证明，其主要的作用是通过卫生检疫措施而避免传染。

需要提供黄皮书的一些国家，主要集中在非洲和南美洲，如肯尼亚、尼日利亚、阿根廷、巴西、委内瑞拉、埃塞俄比亚、刚果、加纳等国家，要求入境的游客出示预防霍乱和黄热病预防接种证书或复种证明书。领队应提前了解目的地国的相关要求，并在出发前至少两周告知游客，需要提供黄皮书的国家，黄皮书必须在有效期内，并在出行前10日进行颁发。

【技能拓展】

出境登记卡可用中英文两种文字填写。主要内容有姓名、出生日期、性别、国籍、护照证件号码、偕行人数、目的地（国家）、职业、航班（车次）和旅客签名等。填写时要注意和护照内容一致，字迹要工整，职业一栏在相应的栏内打钩即可。

一、正面

（1）姓名：用拼音填写，注意要和护照上一致。

（2）国籍：China。

（3）性别：在前面的小方格里打钩就行了，male是男性，female是女性。

（4）护照号码：按照自己护照首页上的填写，一般应该是字母G开头的那个号。

（5）签证号码：把护照翻到有泰国签证的那一页，visa No.后面的数字就是签证号码。

（6）出生日期：注意顺序，日／月／年，要和护照上的一样。
（7）在国外停留的地址：填上在国外住宿酒店，要写英文。
（8）入境航班号：根据机票填写，如上航的就是FM8319。
（9）签名：用中文写大名。

二、背面

背面大部分都是选择题，在合适的选项里面打钩就行了，最右边几个需要填写的有：

（1）职业：可随便写，用英文就好。
（2）居住城市及地区：Beijing 或其他城市。
（3）国家：China。
（4）上一个停留城市：出发城市（如深圳，要用英语写）。
（5）下一个停留城市：到达城市（如曼谷，要用英语写）。

三、注意事项

（1）入境卡上还有一联是出境卡，一并把它写好，上面要填写的内容基本上都是出境卡上填过的，只要把入境航班号换成出境航班号就可以了。

（2）下了飞机以后，到达大厅，在移民局的柜台前排队通关，把护照和入境卡一起交给移民局的官员，核对资料以后会收去入境联，把离境联钉在护照上还给旅客，注意保管好离境联，出关的时候还要用。

【思考与练习】

1. 领队在团队入境途中的工作要求是什么？
2. 如何正确填写入境卡？

任务二　入境工作的流程

领队是否熟悉入境工作流程，是确保游客能否顺利入境他国的关键。目前各国的入境流程大致相同，但是各国海关规定各不相同，领队在出发前必须掌握所前往国家的相关规定和注意事项，同时，需要把这些内容传达给有游客，以确保能够顺利入境，并确保游客不触犯目的地国家的相关法律，从而避免不必要的麻烦。

任务描述

领队李先生带领的团队游客顺利抵达目的地泰国曼谷机场，游客下飞机后，领队李先生集合好团队成员，并带领游客前往泰国入境窗口。领队李先生应该做哪些工作，以便带领游客顺利入境泰国？

➡ 任务分析

到达目的地国家机场后，领队带领游客按照程序办理相关入境手续，即卫生检疫、证照查验、海关检查。他国入境的大致流程为：经过卫生检疫（交验黄皮书；交验健康证明）→办理入境手续（交付入境卡；查验护照签证）→领取托运行李（凭牌拿取行李；出问题应交涉）→接受海关查验（交付海关申报表；接受抽查）→与导游会面。

完成任务

（1）整理领队入境的工作流程，并熟悉各环节的具体内容。

（2）根据整理出来的流程，分小组模拟旅行团入境泰国，领队带领团员办理入境手续。

（3）教师评价各组学生表现，确认流程是否正确、符合规范，并给予点评。

☞ 方法与步骤

1. 办理移民局入境手续

入境护照签证的检验一般是由移民局负责，领队带领游客沿"移民入境"（Immigration）的标志前行，就能找到入境检查柜台。很多国家的移民局检查通道，为了区分本国公民和外国人，特别设置分为外国人通道和本国公民通道、外交人员通道，个别一些亚太国家还设有APEC[①]会员专用检查通道，为了方便游客，也有部分国家设有团队专用通道。除此之外，还有一些机场为了方便转机游客设有"转机（Transfer Only）"通道。一般情况之下，领队组织游客在有"外国人入境"（Foreigner）标志的任一通道前排队，出示入境卡和护照签证，接受移民局检查，机场若有"团队专用通道"的情况下，则在此专用通道排队即可。

另外，领队需提醒游客遵守制度、注意礼仪，在警戒线外排队，等候入关，不得加塞抢行，在入境柜台前禁止大声喧哗，禁止拍照。

（1）排队递交证件。

领队排在游客队列之前，向移民官递交自己的护照签证、机票和入境卡，递交团队的接待计划书和行程单，说明团队的计划、团队的人数、此次行程的天数等基本情况，接受移民官的提问和质询，游客排在领队之后，依次通过移民局，并提供个人护照签证和入境卡，待查验后，方可通行。

旅游团队如果持另纸团体签证，出境旅游领队则需要听从移民局工作人员的指挥和安排，带领旅游团队到指定的柜台办理查验手续。

另纸签证是签证的一种形式。它和一般签注在护照上的签证具有同样的作用，有所

---

① 亚洲太平洋经济合作组织（Asia-Pacific Economic Cooperation，APEC）是亚太地区最具影响的经济合作官方论坛。

不同的是在护照以外单独签注在一张专用纸上，但必须和护照同时使用。签证一般都签注在护照上，也有的签注在地体护照的其他旅行证件上，有的还颁发另纸签证，如美国和加拿大的移民签证是一张A4的纸张，新加坡对外国人也发一种另纸签证。一般来说，签证须与本人护照同时使用时，才有应有的效力。

（2）办理移民局入境手续。

遇到移民官就入境的原因进行询问的情况，出境游领队及游客不必紧张，按照旅行社接待计划或者行程单的内容如实逐一回答即可。如有不清楚的问题，可以将当地负责接待此团队的旅行社负责人、导游的姓名及联系方式、地址、电话告知检察官即可。

在出示证件和接受询问的过程中，移民官会核实入境者的身份和访问目的，有以下情况将会被检查人员阻止入境：

①入境后可能危害国家安全、社会秩序或违反公共利益的；
②属于本国（地区）政府禁止入境黑名单上的；
③使用伪造的护照、身份证、入境许可证或其他证件的；
④患有某种传染疾病的；
⑤携带资金不充足，或缺乏生活手段，有可能成为社会公众负担的；
⑥受到国际刑事警察组织通缉的犯罪分子；
⑦以前在入境国（地区）内违法或犯罪而被驱逐出境的；
⑧提供虚假材料骗取签证的；
⑨访问目的和签证情况不符的；

移民官检查无误后，在护照上加盖入境章后，将护照、签证、机票等一并退换游客，移民局入境手续便全部结束。

持有有效证件和签证的人员，不能保证一定可以入境，移民官通常会对有所怀疑的访客进行二次审核。例如，在美国入境口岸，移民官会检查入境者所持的证件及有效证件，扫描入境者的指纹和拍照进行比对，对赴美理由进行再次审查后决定是否允许被检查者入境以及可以在美国停留多久。如允许入境，移民官会在入境者的入境卡上盖章并注明入境日期、签证身份以及在美国停留期限，并收取入境卡的上半部分（入境卡下半部分需妥善保管，在出境时留给办理出境登机牌的航空公司柜台）。如果对入境者的入境目的或所持证件等有所怀疑，需要到二次检查区域等候检查和进一步面谈。美国口岸移民官员拥有是否允许访客的最终决定权。

2. 领取托运行李

（1）领取托运行李。

团队通过移民局边检后，领队带领游客到航空公司的托运行李领取处领取自己的行李。行李大厅通常会有大型电子屏幕，显示航班号、始发国家、到达时间和领取行李的站台号，游客应凭入境前办理托运手续领取的行李牌领取各自的行李。游客从行李传送带上取下行李后，应首先查验核对标签上的名字和号码，领队应提醒团队客人不能帮不相识的人捎带行李过关，以免发生不必要的误会，造成无法入关的情况。领队在确认所有游客均拿到各自的行李后，带领游客前往海关查验行李。

（2）托运行李出现问题的处理。

如果发生行李延误、破损、错拿、丢失等情况，领队应协助游客持机票（电子客票）、登机牌、行李牌和护照到机场行李查询处（Lost And Found Offcie）申报，协同工作人员一同填写《行李运输事故记录单》交由航空公司解决，领队应记下机场服务人员的姓名及通信方式，以备联络之用。

行李破损时要请机场行李部门或者航空公司出具书面证明（主要说明行李破损的原因），以便日后与保险公司交涉赔偿（旅行社责任险包含对行李破损、丢失赔偿的条款），有些机场在确认行李破损时会当场赔偿游客（类似的行李箱包、现金或其他形式的赔偿）。

如果游客离开机场后发现行李内物品破损或丢失，最迟应在所乘坐的航班到达7天或21天（行李发生过延误）内，书面向机场行李查询说明情况，在征得航空公司同意后，填写《行李运输事故记录单》。

如出现以上情况，在处理完相关手续后，领队应带领游客继续行程，并和导游一起协助游客购买所需用品，并及时跟进处理进度。

欧洲国家可能会出现行李未随游客一起抵达的情况，这在欧洲属于正常现象。因为各航空公司承诺在24小时内将游客托运的行李运至目的地，但行李未必会随同本人所搭乘的航班同运抵。此时，领队可持机票及行李托运卡到所乘航空公司的值班柜台处（不出机场）查询并做好登记，将联系电话及地址留下，航空公司会让领队填写《行李丢失登记卡》。通常情况下，行李抵达后，航空公司会把行李送达旅游团下榻的酒店。

3. 办理入境海关手续

（1）海关相关规定。

海关检查人员通常询问游客是否有需要申报的物品，但一部分国家需要出入境者填写《游客携带物品申报单》。海关工作人员有权开箱检查出入境者携带的行李物品（持外交护照者一般可免受检查）。为了方便游客出入国境，大型国际机场通常设有红色、绿色两个通道，没有携带需要上税物品的游客可以走绿色通道，不受海关人员检查；携带了需要上税物品的游客必须走红色通道，接受海关人员的查询。但选择走绿色通道的游客必须确认自己未携带任何需要上税或者违反规定禁止入境，否则一经查获，违禁物品将被没收，游客本人也会因此而被课以重税、罚款，甚至受到法律的制裁。

（2）海关检查方式。

海关对入境访客的检查通常有四种方式：

①免检，如西欧某些机场在海关处写明"不用报海关"，或海关无人办公；

②口头申报，游客不需要填写海关申报单，过海关时，海关人员口头进行询问，通常不开箱检查；

③游客填写海关申报单，通过海关时，海关人员只做口头询问，不开箱检查；

④游客填写海关申报单，通过海关时开箱检查。

（3）行李申报内容。

游客应将本人携带的行李件数、须申报的贵重物品名称、品牌、型号、规格、数量及携带本国货币和外汇的金额翔实地填写在《游客行李申报单》内，随行家庭成员可一并填写在同一份申报单上。通过海关时，出示《游客行李申报单》，接受查验。海关工作人员有权对游客进行搜身检查、领队应提前告知团队客人，如遇到海关人员检查，应该服从配合常规检查。

4. 与接待团导游会合

通过以上程序后，领队带领游客到达出口，与前来迎接的当地导游会合，目的地国家的接团导游会手持约定接团标志牌迎接旅游团，部分国家和地区允许地接旅行社导游到"游客入境"柜台前接团。

与目的地国家导游见面后，领队应主动与导游交换名片，并对其通信方式进行确认，在出机场登车前，领队须再次清点人数并核实游客行李及随身物品。行李车一般可以推至机场外的巴士站和地下停车场等处。在旅游巴士开动前，领队应与目的地国家的导游就以下问题进行简单的工作交流，内容包括：①如团员人数有变化须告诉导游；②问清楚是否由机场直接去下榻饭店；③机场与下榻饭店的距离与行驶时间；④与导游约定时间对团队行程进行会晤；⑤核对当日的行程。

【知识链接】

部分国家（地区）的海关规定

海关是指一国在沿海、边境或内陆口岸设立的执行进出口监督管理的国家行政机构。它根据国家法令，对进出国境的货物、邮递物品、旅客行李、货币、金银、证券和运输工具等实行监管检查、征收关税、编制海关统计并查禁走私等任务。

一、禁止携带的物品

（1）各种武器弹药和爆炸物品。

（2）各种烈性毒药。

（3）鸦片、吗啡、海洛因、大麻以及其他能够使人成瘾的麻醉药品、精神药物等。

（4）未经检疫的水果、肉类等食品。

（5）侵害知识产权的书籍、音像制品及其他物品、黄色书籍及音像制品。

（6）危害入境国国家安全、亵渎宗教的书籍、音像制品及其他物品。

（7）文物。

（8）植物种子。

（9）活体动物。

二、几个代表性目的地国家针对普通游客的海关规定

（一）日本海关

根据日本海关有关规定，游客可免税携带自用衣物、首饰、化妆品及日用品，免税的物品及其限量为：烟草500克、纸烟400支或雪茄100支、酒3瓶（每瓶760毫升）、香水2盎司，超过以上数量需要申报纳税。外币入境不限，先报数额，出关时可携出。

禁止带入日本境内的主要物品有：鸦片、可卡因、海洛因、大麻、兴奋剂、冰毒；枪支弹药；黄色杂志、录像带；假名牌商品等侵害知识产权的物品等。

限制带入日本境内的主要物品有：有必要检疫的动植物；气枪、刀剑等；医药品、化妆品（有数量限制）；根据《华盛顿条约》限制进口的动植物。

日本入国管理法规定，如有下列几种情况之一者，口岸检查人员可以拒绝入境：

（1）麻风病、精神病患者。

（2）超过规定的居留期限后继续在日本停留的。

（3）因违反外国人登记的有关法令，被判处监禁以上刑罚的，但缓期执行者除外。

（4）少年（不满20岁）被判处超过3年拘役或监禁的。

（5）因违反取缔毒品的有关法律被判处有罪的（包括被判处罚金或缓期执行的）。

（6）除（3）～（5）外，被判处无期或超过1年有期拘役或监禁的，但缓期执行者除外。

（7）从事卖淫或从事与卖淫有直接关联业务活动的。

（8）煽动、挑唆或协助其他外国人偷渡日本或非法入境的。

（9）企图以暴力破坏日本国宪法和政府，或有此主张的；以及结成此类政党等团体，或加入该团体的。

（10）结成或加入鼓动对公务人员实行暴力、鼓动破坏公共设施、鼓动妨害安全保障设施正常运转的政党及其他团体的，以及与其有密切关系的。

（11）为了达到（9）和（10）所定团体之目的，制作印刷品、电影及其他文书图画，以及散发或展示的。

（12）其他经法务大臣认定对日本的利益或公共安全做出了损害行为的。

（二）韩国海关规定

入境时，海关检查分为无申报通道（绿色）和申报通道（红色），若旅客所持外币不超过10000美元、携带品的总价格不超过600美元（只限酒1瓶、烟10盒、香水2盎司）、没有携带禁止出入境的物品（包括枪炮、火药、毒品、动植物、危害公共安全之物品、伪造货币或证券、仿冒品、无线电机用品、肉类制品等），可走绿色通道。出境时如携有贵重物品必须填写《携带出境物品申报单》。

所有进入韩国的旅客需向海关人员提交《旅客携带物品申报单》。自行申报时，申报的价格如果不是特别低的话就直接通过，可以迅速通关；如携带摄像机、可拆装镜

头的照相机、笔记本电脑等物品，出境时请向中国海关申报；如带有1万美元以上的现钞，需要在中国出境时向海关人员申报；离开韩国的非居住旅客如携带相当于1万美元以上的外币或韩币（包括旅行支票和银行支票），必须得到韩国银行或海关的许可，但在当时中国出境时申报的金额不需再次申报，违反此规定者将按照外汇买卖法予以罚款或处罚。

免税携带物品包括：①随身携带的自用衣服、首饰、化妆品及日用品；②香烟200支；③酒类1瓶（1000毫升）；④香水2英两；⑤价值400美元以下的商品（不含烟、酒）。

限制入境物品包括：动物以及其他以上未提及的植物种类（这些物品都需要提前检疫并且持有有效检疫证明，并且向检疫局和海关申报）。

禁止入境物品包括：枪炮、火药、毒品、障碍公共安全之事物、伪造货币或证券、仿冒品。鲜水果（如橙子、杧果、椰子、樱桃等）、苗木（如苹果、葡萄等）、核桃和果实类、土壤或者带有土壤的植物。

（三）泰国海关

外国游客入境泰国，有规定每人需携带2万泰铢（折合人民币4000元或等价的外币）以上，且不包括信用卡银行卡等，否则可能被泰国出入境部门拒绝入境。出境不得超过5万泰铢。旅客前往缅甸、老挝、柬埔寨、马来西亚、越南，携带泰币金额不得超过50万泰铢，超过限额须向海关申报。可携带任何外币出入境泰国，但总额不得超过2万美元，否则须向海关申报。

特别提示：出入境时应配合海关、移民官员检查，如实申报。沟通时应保持冷静和理智，避免出现过激言行，以免带来不必要的麻烦。

旅客携带以下物品无须申报，可使用机场海关绿色通道通关：合理数量的个人物品且总价不超过1万泰铢（不含限制或严禁携带物品），200支香烟（一条烟）或250克烟草（或雪茄），或香烟、雪茄等总计最多不超过250克；最多不超过1公升甜酒或烈酒。团体旅客应每人单独购买免税烟酒并各自单独携带，不要将多人烟酒放在一人行李内，也不要一出海关就交由一人保管携带。泰国法律规定，此种行为属违法，视为一人携带超额烟酒，将受到没收、重罚、甚至监禁等处罚。

如携带有以下物品应如实主动向海关申报，并从红色通道通关：个人使用物品数量不合理，随身携带总值超过1万泰铢的物品或被用于商业、贸易的物品；佛像、文物、宗教艺术品、植物、活体动物、宠物、动物制品、武器、军火等出境前应取得泰国主管部门出口许可的物品。须申报物品而未申报的，会被处以该物品和应缴税金相加后总值4倍的罚款，或10年以下监禁，或两者并罚，且未申报物品将被没收。

以最常见的香烟、酒类罚款为例，泰国海关通常做法为：按香烟每包55铢、酒类实际价格及85%的税率，本人所携全部烟酒量为基数处以10~15倍不等的罚金。如拒缴罚金，将交机场警察立案处理，再由法院判处有期徒刑，最多不超过2年。

严禁携带以下物品出入境泰国：麻醉剂、毒品、色情物品和书刊、假币、假冒盗版商品和受保护动物。泰国法律规定，携带或走私毒品最高可判处死刑。切勿为他人携带物品或行李，防止内有毒品或其他违禁品而触犯法律。

游客携带植物、活体动物、宠物、动物制品等入境泰国，须事先向泰国农业部申请，获准后凭动植物检验检疫合格单向泰国海关办理通关手续。出入境时应如实填写旅客卫生免疫体检卡，按机场工作人员要求配合测量体温，中国旅客无须出示《国际预防接种证书》。

（四）新加坡海关

入境时要向移民局出示护照、签证以及在机上填妥的入／出境卡片。移民局在护照上加盖"允许停留14天"的印章，并将入／出境卡的出境卡交还旅客后，入境手续就算办完。移民局偶尔也会要求旅客出示出境机票，并询问入境目的、停留期间等有关问题。

（1）货币：新加坡海关对携带入境的外币没有最高限额。

（2）课税品包括：①酒类（包括葡萄酒、啤酒、麦酒、黑啤酒）；②烟草（包括香烟、雪茄）；③皮包、钱包；④人造珠宝；⑤巧克力、糖果；⑥面包、饼干、蛋糕。

（3）免税品包括：①电器制品；②化妆品；③相机、钟表；④珠宝、宝石、贵重金属；⑤鞋；⑥艺术创作品、玩具，免税许可范围。

（4）游客携带下列物品入境无须付税：①个人用品；②食品如巧克力、饼干、蛋糕等，但价值不得超过新币50元。

（5）年满18岁而且不是从马来西亚入境，携带下列物品免税：①烈酒1公升；②酒1公升；③啤酒、麦酒或黑啤酒1公升。

上述免课税品只限个人消费，禁止转售或赠予。如携带入境的物品超出免税范围，超出部分将被课税。转机过境旅客如携带过量物品，其超出免税范围的部分须存放海关，并自负保管费。另外，携带入境的酒类、香烟的标签、盒面及包装上不得有"新加坡免税品"字样。香烟包装上有E标志的也不得带入，条装香烟由空运、陆运或海运方式入境都必须付税，免税香烟只售给出境旅客。

（6）其他禁止、管制、限制品：①管制药物、精神镇静剂；②鞭炮；③手枪、左轮手枪式打火机；④玩具硬币、纸钞；⑤盗版刊物、录影带、碟片、录音带；⑥濒危野生动物及其制品；⑦淫秽文章、出版品；⑧危险、叛国物品。

（7）下列物品须有进口许可或有关单位的许可证明：①动物、鸟类及其制品；②火药、爆裂物、防弹衣、玩具枪、手机等武器；③非空白之录音带与录影带、报纸、书、杂志；④影片、录音带、碟片；⑤药物与毒品；⑥无线电通信器材、玩具无线对讲机。带入的药品须为新加坡法律所允许的项目，特别是安眠药、镇静剂需有医生处方，证明为旅客随身必备药。

（五）马来西亚海关

（1）通关时，机场移民局会视情检验旅客携带现金数额是否足以支付在马期间的费用开支。对此，马方无具体数额限定，但据了解，其基本参考标准至少为1500马币（约合500美元、3000元人民币）。这是马方结合其生活消费水平内部设定的"标准"。特别提醒赞助方为马公民或企业的访马人员，为防患未然，仍需携带足够数量的现金备查。持个人旅游签证的游客入境马来西亚需要随身携带4000元人民币或等值现金。

（2）机场当局对中国游客（散客）尤其是30岁以下妇女入境审查比较严格，如发现当事人短期内频繁来马，该人将被拒绝入境。另外，由西马去东马需持用护照。马移民局有权拒绝有犯罪记录、无经济能力及谎报来马目的的外国人入境。

（3）外国游客随身携带的生活必须日常用品；总价值不超过250美元/人的货物（乘务员所带货物总价值不超过50美元/人）（包括200支香烟或50支雪茄或200克烟叶；1升含酒精饮料；适量的香水）享受免税待遇，外国游客自用的照相机、摄像机、卡带式录音机、望远镜、运动器械、笔记本电脑、手机或其他类似设备需申报，离境时须带回。

（4）马来西亚海关规定，入境人员携带需缴税的个人用品，需交纳保证金，保证金额为实际物品价格的30%，出境时，凭票据退还保证金。

（5）在持有目的国有效签证的前提下，中国公民可以通过乘坐火车的方式由马来西亚入境泰国，但是不能由泰国坐火车入境马来西亚，需搭乘飞机方可进入马来西亚。

（六）澳大利亚海关

澳大利亚海关和边境安全防卫部门对入境物品的严苛程度一直名声在外，因澳大利亚大陆生物环境脆弱，为保护本地生态环境和农业，防止外来害虫和疾病的侵入。如果在没有申报的情况下，携带违禁物品进入澳大利亚，将会受到严重的法律惩罚，最高处罚10年监禁。

在抵达澳大利亚之前，所有乘客都需要填写一张澳大利亚入境卡。请注意，这张入境卡是有法律效力的。如果有携带非法或者违禁物品，此时就一定要在入境卡上进行说明。之后将有海关人员对相关物品进行检查。千万别忘了申报所携带的所有物品，就算携带的有违禁物品，如果申报了，就不会因此受到处罚。

处罚规定在澳大利亚入关处，所有乘客及其物品都将经过X光、警犬以及检疫官员的检查。如果被发现携带违禁物品且未申报，那么将因以下原因被惩罚：①在入境卡上提供虚假信息；②未申报违禁物品；③未能及时处理违禁物品。

根据情节不同，惩罚可分为：①现场进行罚款处罚，最低金额为340澳元；②刑事诉讼以及66000澳元的罚款；③最多10年的监禁。情节比较轻的，只会口头警告。

以下物品清单是在澳大利亚机场必须申报的：包装饭食包括飞机上的食品、汤料；熟食和生食及烹调原料；干的水果和蔬菜，包括猴头菇、龙眼干、荔枝干、陈皮、话梅、干人参；方便面条和方便米饭；调味香料（茴香、桂皮、丁香等）；传统中草药、药物、补药和草药茶（陈皮、菊花、树皮、灵芝、党参）；零食（白果、花生、炒西瓜子、肉松）饼干、蛋糕和糖果（含猪肉的杏仁饼、含猪肉的鸡仔饼和含香肠的糕饼是禁止的）；蛋类和蛋制品及婴幼儿奶粉（如有婴儿随同，则允许携带）；所有乳制品（无论是新鲜还是粉状加工食品），包括牛奶、芝士及含有奶精成分的物品（包括三合一奶咖啡、茶和麦乳精、奶粉和含有乳制品的快餐谷类食品）；芝士（如果是来自于无口蹄疫的国家，并且是商业加工包装过的，则允许携带）；所有全蛋、干蛋和蛋粉和蛋制品，包括蛋面、含有蛋（咸蛋、加工过的蛋和皮蛋）的月饼，咸鸭蛋、咸鹌鹑蛋，用鸭蛋、鹌鹑蛋制的皮蛋，有蛋的快餐面和蛋黄酱；罐装的肉类及所有动物种类的新鲜肉、干肉、冷冻肉、熟肉、烟熏肉、咸肉、腌制肉或包装肉；腊肠和香肠；鱼类以及其他海鲜类产品；整只咸鸭、鸭肝、鸭胃、鸭肠、家禽内脏、牛肉条、牛肉干、牛肉和猪肉丝、猪肉松、猪肉馅的月饼、含有肉类的快餐面、猪蹄、猪油渣；宠物食物（包括鱼食和鸟食）。生动物皮加工制作的产品，包括鼓等。谷类、爆玉米花、生果仁、生果子、新鲜花生、松果、鸟食、水果和蔬菜种子、未经识别的种子、某些商家包装的种子和豆类装饰品、山楂、赤豆和绿豆；新鲜的水果和蔬菜，所有新鲜和冷冻的水果和蔬菜（除非携带有效进口许可证）；植物材料——茶，含有种子或种子类茶，果皮以及水果切块；所有干草药及叶子；所有盆种/裸根的植物、竹、盆景、插枝、根、鳞茎、球茎、根状茎、茎和其他能成活的植物材料和泥土；煮熟的、干制的、新鲜的或冰冻的芭蕉类叶；手工制品，包括含有种子、生坚果、玉米等其他植物成分的装饰物；木制手工艺品、对象和雕刻，包括着色及漆涂物品（树皮是禁止的，会被取走或需要处理）；用植物材料、棕榈或叶制成的席、包和其他物品（用芭蕉类植物制成的物品是禁止的）；稻草麦秆产品，包括草帽、草席和包装；竹、藤或白藤篮器和家具；拌香料的干花瓣和椰子壳；含有或灌满种子的物品；干花和插花；鲜花（能够以茎繁殖的花，如玫瑰、康乃馨和菊花是禁止的）；动物产品，如羽毛、骨头、角和象牙（必须是干净和无任何动物组织）；皮、成革和毛皮（生皮制品包括鼓和盾是禁止的，除非经过处理）；羊毛和动物毛发（包括毛、毛纱和手工艺品）；动物和鸟类标本（有些可能是濒危野生动植物法所禁止的）；贝壳，包括首饰和纪念品。珊瑚是濒危物种法所禁止的；蜜蜂产品包括蜂蜜、蜂巢、蜂王浆和蜂蜡。花粉是禁止的；使用过的动物设备，包括兽医设备和药品，剪毛或肉类行业的工具、鞍具和马具以及动物和鸟类的笼子；宠物食物和零食包括生皮的狗咀嚼物和鱼食是禁止的；其他物品，如工艺和业余爱好用的动物或植物材料制的线绳；使用过的运动和野营器材，包括帐篷、自行车、高尔夫和钓鱼器材；被泥土、粪便或植物材料污染的鞋类/远足靴。枪支、武器和弹药（必须申报所有枪支、武器和弹药，包括真枪和枪炮复制品，以及通过压缩空气发射弹丸但通常作为"玩具"枪购买的BB弹气枪。其他武器，如漆弹枪、吹管、所有刀具、双节棍、弹弓、弩、电击设备和拳击指环等也必须申报。一些物品可能需要许可证、警方授权书和安检证才能进口）；兴奋剂，抵达时必须申报所有兴奋剂，其中包括人体生长荷尔蒙、DHEA以及所有合成代谢和雄性类固醇，这些物品未经许可不得进口到澳大利亚。

货币：带入或带出澳大利亚的货币金额没有限制。但是，如果是 10000 澳元或以上的澳币以及等值的外国货币，您必须申报。海关要求，如果您携带本票、旅行支票、个人支票、汇票或邮政汇票，还必须填写可转让证券表格（BNI）。

食品、植物、动物和生物制品抵达时向检疫局申报所有食品、植物、动物商品、用于动物的设备、生物材料、土壤和沙砾。如未申报，可能当场罚款或接受起诉。

药品入境者需要向海关申报所有药品，包括处方药、替代药、草药和中药、维生素和矿物配方。一些产品需要许可证或检疫或医生介绍药物治疗和医疗状况的信函或处方。根据药物福利计划，澳大利亚政府为处方药提供经济补助，游客只能将所需数量的药物带出澳大利亚。携带医生或牙医的信函或填写好澳大利亚国民保健部门提供的 PBS 药品出口申报表。

受保护的野生生物澳大利亚的严格法律控制进出口受保护的野生生物以及相关产品。其中包括中药产品和受管制产品，如珊瑚、兰花、鱼子酱、象牙产品以及许多狩猎战利品。

列入遗产的物品需要申请许可证才能进出口列入遗产的物品，包括艺术品、邮票、钱币、考古物品、矿物和标本。

兽医产品申报所有兽医药品。其中包括不需要许可证含有违禁物质成分的产品。

国防和战略物资需要许可证才能进出口国防和战略物资。

一般情况下，如果有及时申报相关物品，海关人员在经过检测之后，如发现并无风险，会将物品返还；如发现风险，则将销毁相关物品。入境者随时可以登录相关网站查询所携带的物品是否属于需申报的物品及更多相关信息。游客应从一开始进入澳大利亚就展现诚实信用的态度，该申报就要申报，留下良好的记录。

（七）美国海关

在入境口岸，海关官员将对入境者携带的行李是否有违禁品及是否征税进行检查。

1. 可免关税的物品

（1）个人财产。个人穿戴使用的衣物、珠宝、化妆品、打猎或钓鱼用具、照相机、便携式收音机以及其他类似个人、物品如仅用于个人使用，可免于征税。如果是移民到美国，属个人使用的免于征税的价值 300 美元或以上的珠宝等个人饰品，如未缴关税，3 年以内不得售卖。尚未缴税即出售的上述物品会被查封没收。

（2）酒精饮料。年满 21 岁的非美国居民可免税携带入境 1 公升啤酒、葡萄酒、白酒等酒精饮料，但仅限个人使用。超过上述数量的酒精饮料将被征收海关税和国内税。另外，除了联邦法律，还必须遵守可能比联邦法律更加严格的有关酒精饮料的州法律。

（3）烟草产品。旅客可以免税带入一条香烟（200 支）或 50 支雪茄烟或 2 公升（4.4 磅）烟草，或按比例的上述各类物品。产于古巴的雪茄无论是自用还是送礼都禁止进入美国。

（4）家用物品。可免税进口家具、餐具、书籍、艺术品等家用物品。

（5）免税礼品。非居民可免税带进价值不超过100美元的礼品。要使上述礼品免税，必须在美国停留至少超过72个小时，其间上述礼品必须伴随左右。为方便海关官员检查，礼品不要进行礼物包装。

（6）邮寄的礼品。从另一国家或加勒比受惠国通过邮寄寄来的礼品零售价值不超过100美元，免于征税。如该礼品寄自美属维尔京群岛、美属萨摩亚或关岛，礼品的免税额可允许不超过200美元。超过上述价值的礼品将被征税（酒精饮料、烟草产品以及含酒精的香水不在上述规定的范围之内）。

（7）在免税店购买的物品。在免税店、飞机或船舶上购买的物品，如超过个人可携带的免税物品的数量或金额限制，将被海关征税。非美国居民在美国转机过境时，如个人携带的物品，包括不超过4升的酒精饮料，将带往美国海关征税范围以外的地方，且上述物品的价值不超过200美元，可免于征税。

2. 应予征税的物品

超出上述免税范围的物品将被征税。其征收方法是减去应予免税的物品价值后，1000美元价值的部分将被征收统一税率为3%的关税，超过1000美元价值的部分将按适用于该商品的税率征税。按统一税率征税的物品必须跟随本人，并且只供个人使用或当作礼品。在美属维尔京群岛、美属萨摩亚和关岛得到的物品，无论该物品跟随您本人或是寄往美国本土，对上述物品征收关税的统一税率为5%。

3. 禁止或限制入境的物品

（1）生物制品。未经消毒的人类和动物组织（包括血液、人或动植物排泄物）、活体细菌培养基、病毒或类似有机体、被怀疑感染人畜共患疾病的动物、昆虫、蜗牛和蝙蝠的进口需从美国疾病控制中心取得进口许可证。

（2）书籍、音像资料、电脑程序和磁带。盗版书籍、电脑程序及音像制品不得进入美国，盗版制品会被没收销毁。

（3）水果、蔬菜和植物。许多水果、蔬菜、植物、枝条、种子、未经处理的植物产品、特定濒危物种等一般都禁止进口或是需持有许可证才能进口。所有植物、植物产品、水果或蔬菜都必须向海关官员申报并接受检查。

（4）肉类、牲畜和禽类。肉类、牲畜、禽类及其副产品一般都禁止入境，或是根据原产国的动物疾病状况进行限制。对于罐头装的肉类产品，如检验官员能够确认该产品系熟制、已经商业封装，则允许入境。其他罐装及腌制的肉类产品及干肉产品均严格限制入境。

（5）打猎所得。如果您打算进口打猎纪念品或野味，一般需事先获得许可证，而且只有特定的口岸被授权处理上述物品进口的事宜。

（6）货币。携带入境的货币工具（包括美国或其他国家的硬币及货币、旅行支票、现金汇票和可流通证券等）金额超过1万美元，应填妥美国海关4790表，主动向海关申报。未如实申报者可能导致被追究民事及刑事责任,包括没收所持货币及货币工具。

(7)宠物。猫:在入境检查时必须能证明未患可传染给人的疾病。如果该宠物健康状况明显不佳,有执照的兽医将对其作进一步检查,有关费用由宠物的主人支付。狗:在入境检查时必须能证明其未患可传染给人的疾病,抵达前至少30天内注射过狂犬病疫苗(此项规定不适用于3个月以下的幼狗)。个人拥有的宠物鸟:可以入境,但鹦鹉类鸟只允许带入两只。同时需符合APHIS和公共卫生服务机构的有关要求,比如可能要求由宠物的主人出资,为该宠物在APHIS机构进行卫生防疫。灵长类动物如猴子、猿等不允许进口。最好向州及地方有关机构查询了解对带入宠物有何规定和限定。有些地方,如夏威夷州,对宠物有严格的卫生防疫要求。

(8)鱼和野生动植物。鱼类和野生动植物也在进出口管制及卫生防疫要求范围内,主要包括:野生鸟类、哺乳动物、海洋哺乳动物、爬行动物、甲壳类动物、鱼类和软体动物;上述动物的任何部分或产品,如皮革、羽毛、蛋(卵)等;用野生动植物和鱼类制成的产品和物件。野生濒危物种和由此制造的产品禁止进出口。象牙或象牙制品一般禁止进出口。含有野生动植物部分的古董如能证明其历史有100年则可以进口。

(八)欧盟国家海关

(1)每人(指通关时每个自然人)所携带现金(如欧元、美元、人民币等)或等值可流通证券(如旅行支票等)价值总和等于或超过10000欧元,请务必在入关前填写海关申报单,并走红色通道(申报通道)向德国海关申报,否则会被处以最少15%的罚款;团组通关时,携带现金数额以每个自然人实际携带数额为准,不按团组人数平均计算,请避免由团内一人携带全团现金。

(2)经机场入关,携带物品(不含邮寄)如系个人使用,且香烟不超过200根(或雪茄不超过50根),高度酒不超过1升或低度酒不超过2升,药品不超过个人必需量,其他物品总值不超过430欧元(15岁以下总值不超过175欧元),可免税走绿色通道(无申报通道)通关。否则,须走红色通道(申报通道)向海关申报并缴纳关税。非个人使用物品,如用于公共用途的物品(含专业摄影设备、乐器等)均须申报。

(3)携带物品经机场通关时,无论是否可免税,请务必携带物品账单或发票,以证明其购买地、用途和价值。

(4)请勿携带禽肉类食品、月饼和其他海关禁止携带入境的物品过关。

(九)新西兰海关

新西兰经济以农业、林业和畜牧业为主,任何害虫和疾病的引进都将对其经济带来严重威胁。因此,海关对游客携带入境物品的规定极其严格。任何动植物,包括中药、土壤等都必须经过严格检查,通常不让带入;食物(包括干货、水果、零食等)都必须向海关申报清楚,否则可能被罚款,严重者可能会入狱;香烟每人可以带两条。

新西兰是《危险野生动植物群国际贸易条约》的签约国,条约中所涉及的有关品种必须报关。例如,新西兰法律禁止或限制多种野生动植物产品的进口,包括:活的动物、肉类、皮类、毛类。骨、羊毛、蛋类、养殖品、生物制品、壳类、珊瑚、蜂蜜产品、植物、水果、蔬菜类、花卉、种子、坚果类、鳞茎类、稻草类、竹类、木头和其他作物。当飞机降落机场之前，机舱通常会喷射杀虫剂，以确保不会将境外害虫带入境。

【技能拓展】

海关是依据本国（地区）的法律、行政法规行使进出口监督管理职权的国家行政机关。英语"Customs"一词，最早是指商人贩运商品途中缴纳的一种地方税捐，带有"买路钱"或港口、市场通过费、使用费的性质。这种地方税捐取消后，"Customs"一词则专指政府征收的进出口税，the Customs 是征收进出口税的政府机构，即海关，是对出入国境的一切商品和物品进行监督、检查并照章征收关税的国家机关。

各国政治、经济情况不尽相同，海关职责也有差异，即使同一国家，各个历史时期海关职责也有变化。但以下几项职责是绝大多数国家海关基本相同的。

（1）对进出口货物、旅客行李和邮递物品、进出境运输工具，实施监督管理，有的称作通关管理，有的称作保障货物、物品合法进出境。

（2）征收关税和其他税费。许多国家海关除征收关税外，还在进出口环节代征国内税费，如增值税、消费税和石油税等。有些国家海关，还征收反倾销税、反补贴税和进口商品罚金等。

（3）查缉走私。各国海关部对逃避监管、商业瞒骗偷逃关税行为进行查缉，尤其对走私禁止和限制进出境的货物、物品，特别是毒品，每一个国家海关都加大查缉力度。其他部分或个别国家海关具有的特殊职能，如编制对外商品贸易统计、保税管理、沿海巡逻警戒、管理航行一级保护版权和专利权等。21世纪初，有些国家除对传统的有形贸易（实物）监管外，还对无形贸易（服务贸易）进行监管。许多国家政府指令该国海关履行国际出口管制制度，即对高科技产品、导弹技术产品、核相关双重用途产品、生化武器、常规武器、环境污染物质和有毒废料、濒危物种、文物等进行管理制。

根据《中华人民共和国海关法》规定，中国海关职能有4项：监管、征税、查私和编制海关统计。

【思考与练习】

1. 入境基本流程包括哪些环节？
2. 海关的基本职能是什么？
3. 入境注意事项有哪些？

任务三　中国入境工作

在完成了团队境外行程内容之后，领队的带团工作从组织安排境外工作转向返程回国的活动中。从离开旅游目的地国家到入境中国，要求领队按照程序进行，熟悉中国入境工作流程，保证本次出境旅游的带团活动能圆满结束。

任务描述

领队李先生带领的一行14人团队，结束了在泰国4晚5天的行程，返回中国境内。领队李先生在返程途中给游客说明入境中国的相关规定，并告知游客入境中国需要接受哪些检查，飞机抵达中国境内后，领队李先生引导游客到达办理手续入境柜台，该团游客能够顺利入境中国？

任务分析

该任务需要领队熟悉中国入境的工作流程，并在境外就提前告知游客中国海关对入境物品的限制规定及注意事项，以确保游客顺利入境中国。

完成任务

（1）整理入境中国领队的工作流程，熟悉中国海关的相关规定。
（2）分组模拟训练，团队入境中国手续办理流程。
（3）教师评价流程是否正确，是否能准确填写相关单据。

方法与步骤

总的来说，回国入境时的工作流程，大致如下：办理入境手续→填写入境卡，填写健康申明表；通过卫生检疫→交验健康证明卡，接受体温测量；通过边防检查→交验入境卡，查验护照机票；通过海关检查→填写海关申报单，申报入境物品；团队解散。

1. 接受卫生检疫

（1）了解国家有关卫生检疫的有关法规。

中国边防口岸的卫生检疫机构，是以《国境卫生检疫法》为法律依据设立的，该法的第一条阐明：为了防止传染病由国外传入或者由国内传出，实施国境卫生检疫，保护人体健康，制定本法。该法第二条阐明：在中华人民共和国国际通航的港口、机场以及陆地边境和国界江河的口岸（以下简称国境口岸），设立国境卫生检疫机关，依照本法规定实施传染病检疫、监测和卫生监督。该法第三条规定：本法规定的传染病是指检疫传染病和监测传染病。检疫传染病，是指鼠疫、霍乱、黄热病以及国务院确定和公布的其他传染病。

出入境检疫对象包括：入境出境人员、交通工具、运输设备以及可能传播检疫传染病的行李、货物、邮包等特殊物品。《食品卫生法》规定的出入境检疫对象有进口食品、食品添加剂、食品容器以及包装材料、工具设备等。

（2）《入境健康检疫申明卡》的内容。

《国境卫生检疫法》第三章第十六条规定：国境卫生检疫机关有权要求入境、出境的人员填写健康申明卡，出示某种传染病的预防接种证书、健康证明或者其他有关证件。

在没有重大疫情的情况下，中国游客不必填写《入境健康检疫申明卡》。如在SARS（非典型性肺炎）期间，口岸卫生检疫十分严格，入境旅客需填报《入境健康检疫申明卡》，在通过检疫台时，需进行体温检测。

（3）通过卫生检疫。

需要接受卫生检疫时，乘务员会在返程的飞机上分发《入境健康检疫申明卡》，申明卡用中文填写即可，领队可指导游客完成。

游客在经过"中国检查检疫"[①]的柜台时，将填写完成的《入境健康检疫申明卡》交给卫生检疫人员，短暂停留，接受检测。

2. 接受入境边防检查

入境时，国人无须填写《入境卡》，领队引导游客到达边防，在中国人入境边防检查[②]柜台前依次排队等候，提交护照，接受入境边防检查。如果出境旅游团队持有的是《中国公民出国旅游团队名单表》和另纸团队签证，需走团队专用通道。《中国公民出国旅游团队名单表》中的入境边防检查专用联，由边防检查收存，游客按照名单表顺序排队办理入境手续。

3. 领取托运行李

（1）领取托运行李。领队引导游客按照行李大厅的电子指示牌的标志，在行李转盘上找到自己托运的行李。

（2）行李遗失的处理。当游客发现自己行李遗失时，领队应协助游客与机场的行李值班室进行交涉，填写单据，留存领队和游客的联系电话。根据国际航空协会的《中转站赔偿法则》规定，旅客的行李遗失，应由搭乘终到站的航空公司责任理赔。这类赔偿，通常会在查找超过21天仍无下落后进行。

---

① 为国家进行出入境检验检疫工作的部门。职责是对出入境的货物、人员、交通工具、集装箱、行李邮包携带物等进行包括卫生检疫、动植物检疫、商品检验等的检查，以保障人员、动植物安全卫生和商品的质量。

② 中国边检是中华人民共和国边防检查的简称，是国家设立在对外开放口岸的重要执法力量，由公安部垂直领导，担负着维护国家主权、安全和社会秩序，管理人员和交通运输工具出入境的重要职责。

4. 接受（中国）海关查验

中国海关的基本职能是监管进出境的运输工具、货物、行李物品、邮递物品和其他物品；征收关税和其他税、费；查缉走私；编制海关统计；办理其他海关业务。

（1）向游客说明我国海关对入境物品的限制规定：中国海关规定禁止入境的物品，领队需要事先向游客说明，以免游客在入境时遭遇麻烦。

（2）接受海关检查。有需要申报的物品，应在入境飞机上填写海关申报单，走红色通道；没有物品需要申报，则无须填写，走绿色通道。目前海关采用的是抽检制，抽检到的游客行李需要通过 X 光检测仪器的检测，海关官员怀疑有违禁物品，也可要求游客打开行李接受进一步的检查。出境时，填写《海关申报单》的游客需交还申报单。

在通过海关检查后，所有入境手续完毕，领队应与每一位游客告别，感谢游客对自己工作的支持，并表达再次带领游客出国旅游的愿望。

【知识链接】

中国海关规定禁止入境的物品

凡携带任何物品入中国均要申报及接受海关人员的检查。旅游不可以为他人携带任何物品过关。

第一，根据中国《禁止携带、邮寄进境的动植物及其产品名录》规定，禁止携带、邮寄入境的的物品，主要分为三类：

（1）动物及动物产品类。

①活动物（犬、猫除外），包括所有的哺乳动物、鸟类、鱼类、两栖类、爬行类、昆虫类和其他无脊椎动物，动物遗传物质；

②（生或熟）肉类（含脏器类）及其制品；水生动物产品；

③动物源性奶及奶制品，包括生奶、鲜奶、酸奶，动物源性的奶油、黄油、奶酪等奶类产品；

④蛋及其制品，包括鲜蛋、皮蛋、咸蛋、蛋液、蛋壳、蛋黄酱等蛋源产品；

⑤燕窝（罐头装燕窝除外）；

⑥油脂类，皮张、毛类、蹄、骨、角类及其制品；

⑦动物源性饲料（含肉粉、骨粉、鱼粉、乳清粉、血粉等单一饲料）、动物源性中药材、动物源性肥料。

（2）植物及植物产品类。

①新鲜水果、蔬菜；

②烟叶（不含烟丝）；

③种子（苗）、苗木及其他具有繁殖能力的植物材料；

④有机栽培介质。

(3)其他类。

①菌种、毒种等动植物病原体,害虫及其他有害生物,细胞、器官组织、血液及其制品等生物材料;

②动物尸体、动物标本、动物源性废弃物;

③土壤;

④转基因生物材料;

⑤国家禁止进境的其他动植物、动植物产品和其他检疫物。

第二,严禁入境物品。任何枪械,军火及爆炸易燃物品;伪钞/股票;任何对于中国的政治、经济、文化及道德有影响的印刷品、胶卷、相片、录音带、录影带及其他物品;任何有毒物品;鸦片、吗啡、海洛因、大麻、其他毒品;任何可能传染疾病的动物、植物和物品;任何禁止入口物品;任何可能泄漏国家秘密的印刷品、胶卷、相片、录音带、录影带及其他物品;任何文物;濒临绝种的动物,植物(包括标本、种子)。

第三,不仅禁止携带和规定各类不免税物品,中国海关总署还曾在《关于暂不予放行旅客行李物品暂存有关事项的公告》里明确指出:五类行李不予放行。

①旅客不能当场缴纳进境物品税款的;

②进出境的物品属于许可证件管理的范围,但旅客不能当场提交的;

③进出境的物品超出自用合理数量,按规定应当办理货物报关手续或其他海关手续,其尚未办理的;

④对进出境物品的属性、内容存疑,需要由有关主管部门进行认定、鉴定、验核的;

⑤按规定暂不予以放行的其他行李物品。

对回国探亲旅客带进免税物品的限量规定

(1)食品、衣料、衣着及价值人民币50元以下的其他生活用品,限制在合理数量之内。

(2)酒2瓶(不超过1.5升)。

(3)烟400支(两条)。

(4)电视机、电冰箱、多用机、录像机、洗衣机、摩托车等,其他价值在人民币200元以上1000元以下的学习和生活用品,一年内首次入境可任选上述物品中的一件。

(5)手表、播放机、自行车、电风扇、普通电子琴、电烤箱、幻灯机、打字机、热水器等家用电器,其他价值在人民币200元以下50元以上的学习和生活用品,一年内首次入境可从本条款所列出的物品中任选5件。

(6)说明:①物品价值按到岸价格核定;②汽车不准进口;③带进限量规定的第5

条中的物品，同一品种可以重复一件，但总件数不得超过 5 件。

【技能拓展】

2016 年中国海关新规定

1. 新规定一

首先，在香港方面，其中，涉及零关税货物原产地标准新增的货物包括有食用的麦片和不锈钢粉末，它们对应的税则号列分别是 19042000、72052100；另外，涉及零关税货物原产地标准需要修改的货物有减速装置，而这种减速装置是指工程机械当中需要应用的装置，而它的税则号列则是 84834090。

而在澳门方面，就新增了两种零关税货物原产地标准，它们就是鲜葡萄酿出来的酒（小包装的）和用盐腌制的鳕鱼，而它们对应的税则号列分别是 03056200 和 22042100。

2. 新规定二

最新关于最惠国税率的变化包括：（1）需要对冻格陵兰庸的部分商品实施暂定税率，其中包括鲽鱼等。（2）调整对冻格陵兰庸的部分商品的税种，实施复合税或者是从量税，其中包括鸡等 46 种商品。（3）保持部分商品的税率不变，而要实施关税配额处理，其中包括小麦等 47 种商品。关于协定税率方面，对部分国家和地区实施协定税率，具体要参照相对应的文案。而其余的都保持不变。

3. 新规定三

根据 2015 年的第 69 号公告，自 2016 年 1 月 1 日开始降低部分商品的出口关税，其中包括有高纯生铁、已经碾磨过或者未经碾磨过的磷灰石等。

关于 2016 年海关政策的变化除了以上的这些之外，还有其他的一些方面也发生了相应的改变。明确提出海关暂不予放行旅客携运进出境行李物品暂存的 5 类情形，分别是：

（1）旅客不能当场缴纳进境物品税款的。

（2）进出境的物品属于许可证件管理的范围，但旅客不能当场提交的。

（3）进出境的物品超出自用合理数量，按规定应当办理货物报关手续或其他海关手续，其尚未办理的。

（4）对进出境物品的属性、内容存疑，需要由有关主管部门进行认定、鉴定、验核的。

（5）按规定暂不予以放行的其他行李物品。

属于上述 5 类情形的，旅客携运进出境的行李物品将被海关暂不予放行，可以暂存。

领队业务

【思考与练习】

1. 在移民局办理入境手续的程序有哪些?
2. 团队入境时,禁止游客携带入境的物品一般包括哪几项?
3. 入境海关申报应该注意哪些事项?
4. 简述中国入境的流程。

项 目 五

境外工作

领队带团到达目的地后，按照组团社与旅游者所签的旅游合同约定的内容和标准为旅游者提供接待服务，同时监督接待社及其导游员按约定履行旅游合同。在旅途中，领队应该积极协助当地导游，为旅游者提供必要的帮助和服务。领队在境外的主要工作有：与当地导游配合好、带领团队参观游览、安排客人入住酒店、协助地陪安排用餐、带领团队实现城市间转移、引导客人购物、带领团队参加娱乐项目、完成接待计划规定的内容、完成返程机票的确认、完成团队工作记录等。

【学习目标】

- 学会在酒店时工作的程序及注意事项，处理突发状况；
- 学会如何配合地陪完成参观游览计划，处理突发状况；
- 学会餐饮的服务程序及注意事项，处理突发状况；
- 了解基本自然灾害，学会自然灾害中自我保护和保护游客的常识；
- 掌握常见疾病的医疗卫生知识；
- 学会急救原则、现场处理的主要流程，自救及救护游客的处理方法；
- 掌握证件遗失的预防、补救措施和补办手续。

任务一 入住酒店及相关问题的处理

在旅游六要素"吃、住、行、游、购、娱"中，"住"在整个行程安排过程中具有举足轻重的地位。一次满意的酒店住宿经历会给游客带来"临时的家"的感觉，旅行团或旅游者在抵达酒店的途中，领队应该配合地陪对下列信息进行逐一介绍：酒店及周边情况、入住须知、房间设施设备使用方法、是否连住或单住、下次集合时间和地点及可能发生的问题,并提醒游客索取饭店卡片,以备外出回酒店时所用。领队在游客入住酒店时为其提供周到而热情的服务,在地陪、酒店工作人员的帮助下,尽快为游客办理好入住手续,并及时协调解决游客在入住过程中出现的问题。在这一环节中,领队不仅要监督地接社所提供的酒店是否达到合同标准,而且还要和地陪、酒店工作人员协调工作,在遇到客人对酒店房间或周边环境不满意时,要在其中积极协调并努力解决问题。在办理离店手续时,领队应及时提醒游客检查个人物品、证件是否完备齐全,然后离开酒店,去往下一站点。

任务描述

领队小刘带领一个上海旅游团,参加欧洲 12 晚 13 天的行程。旅行团到达法国后,游客白天参观了巴黎市区、塞纳河,并在卢浮宫里欣赏了断臂维纳斯、胜利女神、蒙娜丽莎等艺术精品。夜幕降临时分,旅行团用过法式风情晚餐后,在去往酒店的途中,地陪向游客介绍了当晚入住的四星酒店的名字、位置,入店手续、酒店房间设施及设备的使用方法、集合时间及地点等重要信息。旅行团到达酒店后,请问领队小刘应该做哪些工作?

任务分析

《旅行社出境旅游服务质量》规定,领队在团队入住酒店后,应分三个阶段配合地陪的工作:

(1)在去酒店途中应当介绍酒店、入住、集合等基本情况。

(2)在游客抵达酒店后,地陪应协助领队为游客办理入住手续并介绍餐厅位置、就餐形式、地点等有关活动信息,并督促行李员及时送达行李至客人房间。

(3)应当与前台协商叫早服务。

完成任务

(1)学生分成不同的小组进行办理入住手续、分配房卡的练习、相互评价任务的完成情况。

(2)掌握房间内门锁、空调、电视等基础设施的使用方法并讲解给同组的其他同学。

(3)对酒店基本设施,如外币兑换、商场、娱乐场所、餐厅进行介绍。

(4)教师通过学生完成的任务进行综合考评。

方法与步骤

(1)抵达酒店的途中,由地陪介绍酒店情况、注意事项等,领队再次强调提醒。地陪应对酒店名称、地理位置、入住所需物品、入住酒店天数(同一酒店的入住天数)、行李物品的安放和处理、用餐、集合的时间、地点、叫早时间等信息进行介绍。

（2）抵达酒店后，地陪协助领队办理入住及分配房间等事宜。

①抵达酒店后，安排好游客在大堂等待后，领队和地陪应该立即前往酒店总服务台，并提供团队名称、用房数量和规格、订房单位和状态等信息，第一时间取得房卡。

②由领队填写分房名单，然后请酒店总服务台工作人员复印几份，分别给到地陪、行李员（分发行李之用）、酒店总服务台等相关负责人和部门以留存备查。之后分发房卡或钥匙。

③领队、地陪的联系方式和房间号码需告知全体游客，领队和地陪之间也应该相互交换房间号码等信息，以备不时之需。

（3）向游客说明酒店设施和服务项目。

①向游客说明到达房间的路径选择、所住楼层、房门开启办法。

②向游客说明房间内设施的使用注意事项及付费服务。例如，欧洲酒店浴室多没有地漏，要防止卫生间的水弄湿屋内地毯；无烟房内禁止吸烟，否则屋内的烟雾报警器会报警；房间内的台灯不能烘烤湿衣物；房间内的热水器，不能直接煮食方便面等。收费电视、电话、服务生送热水或行李时需付小费以及付费洗衣服务等问题。部分国外酒店卫生间内，除毛巾和小香皂外，其余物品需向服务生所要并付费。

③向游客说明酒店兑换外币处、娱乐场所、公共洗手间、餐厅等设施的位置。

（4）领队处理房间、行李的突发状况。

向游客说明酒店设施和服务项目后，应尽快安排客人进房间，且谨记导游人员不能随便进入客人房间。当游客回到房间后，地陪、领队应该在旅行团所在楼层稍作停留，以及时协调解决游客所反馈的信息。如：门锁打不开、房间与合同标准不符、房间内有蟑螂、房间未打扫或床单被套有污损、房内设施已损坏并不能正常使用、电视机打不开、领队排房疏漏或错误、客人行李未送达或有错拿、破损等问题。

（5）与酒店总服务台确定叫早时间。

【知识链接】

国外酒店住宿小贴士

（1）欧洲常规旅行住宿的三星级酒店，与我国的国际三星级酒店在硬件设施方面相差很多。大堂不宽敞，电梯较狭小，但非常洁净。建议自带拖鞋和牙具等一次性使用的物品，通常酒店不提供。

（2）请勿穿着睡衣走出房间；在酒店大厅内或其附设餐厅、酒吧内请勿穿拖鞋；酒店内禁止大声喧哗，以免影响其他客人休息。

（3）离开酒店外出时，请通知领队或陪同，并携带印有酒店地址和电话的名片，以备迷路时使用。最好能结伴同行（其中最好有懂外语的），以策安全。

（4）国外酒店电话一般拿起话筒便接通电话总机，如要向酒店外打电话应要外线，打长途电话时，要向总机说清。打酒店内部电话时，可直接拨号。有特殊服务要求时，须先打特定号码，不同国家酒店均有具体说明。除酒店内部电话外，其他电话一般均需另付费。酒店电话费昂贵，建议自行购买电话卡使用公共电话（欧洲的电话亭均可直拨国际长途）。

（5）有的酒店房内有热水器，有的热水器设在楼层中。一般酒店禁用电炉、煤油炉来做饭、烧水。国外电源插孔各不相同，电压也有区别，与国内不同，请注意配备相应的转换插头。

（6）部分酒店有收费电视服务，在入住酒店前请向陪同咨询，以免产生不必要的费用。

（7）酒店内酒水通常高于商店销售价格，请根据个人情况选用，美国、欧洲大部分国家的自来水可直接饮用，热水不可饮用；所以一般房间内没有电热水壶；而东南亚、非洲等国家的自来水不可直接饮用，也不提供电热水壶；游客可到前台租借或者自带小的电热水杯，或者购买饮用水。

（8）洗衣项目在许多旅馆里都有。游客在填写洗衣单时，要注意写清旅馆、姓名、房号，以及送洗日期、送还日期、普通件、快件，并注明件数，以免送错。送洗衣服时要弄清送还时间，别误了行程。需要注意的是洗衣费不包含在房租内。

（9）结账时，如用支票支付，须提前通知收款处；如付现款，要问清外币种类，兑换外币得付手续费。

（10）房间和卫生间内的设备应弄清楚、问明白后再用，如伊斯兰国家旅馆厕所里的马桶外的洗涤盆，是专供妇女使用的，不要用来大小便。

（11）酒店住宿亚洲国家一般不需要给小费，像日本、韩国、新加坡给小费反而会被认为是无礼的行为；在泰国，必须付小费，给20~30泰铢即可，折合人民币4~5元，不过要记住千万不能给硬币，因为在泰国旅游，硬币是给乞丐，别人会觉得你对他不尊敬；在印度，不给小费可能会被强迫索要，若每件行李若需要搬抬要给50卢比（7元人民币），每天则要给客房服务生200卢比的小费（28元人民币），放在床头就可以了；在土耳其，如果一点小费都不给被视为不懂礼貌，多少应该给一点；一般来说，欧洲国家没有强制要求一定要给小费，因为服务费往往已经算在了费用中，如餐费等，但美国、加拿大、非洲都需要给。

（12）国外酒店住宿会分吸烟和不吸烟房间，入住之前请先了解清楚；有些是不允许喝酒的，特别是信奉穆斯林的地区，也请事先了解。

《导游领队引导文明旅游规范》相关条款

5.4 住宿

5.4.1 导游领队应提醒旅游者尊重服务人员，服务人员问好时要友善回应。

5.4.2 导游领队应指引旅游者爱护和正确使用住宿场所设施设备，注意维护客房和公用空间的整洁卫生，提醒旅游者不在酒店禁烟区域抽烟。

5.4.3 导游领队应引导旅游者减少一次性物品的使用，减少环境污染，节水节电。

5.4.4 导游领队应提醒旅游者在客房区域举止文明，如在走廊等公共区域衣着得体，出入房间应轻关房门，不吵闹喧哗，宜调小电视音量，以免打扰其他客人休息。

5.4.5 导游领队应提醒旅游者在客房内消费的，应在离店前主动声明并付费。

【技能拓展】

《中华人民共和国星级酒店评定标准》相关条款

中国酒店按等级标准是以星级划分，分为一星级到五星级5个标准。星级以镀金五角星为符号，用一颗五角星表示一星级，两颗五角星表示二星级，三颗五角星表示三星级，四颗五角星表示四星级，五颗五角星表示五星级，五颗白金五角星表示白金五星级。最低为一星级，最高为白金五星级。星级越高，表示旅游饭店的档次越高。

五星酒店：这是旅游酒店的最高等级。设备十分豪华，设施更加完善，除了房间设施豪华外，服务设施齐全。各种各样的餐厅，较大规模的宴会厅、会议厅、综合服务比较齐全。是社交、会议、娱乐、购物、消遣、保健等活动中心。

四星酒店：设备豪华，综合服务设施完善，服务项目多，服务质量优良，室内环境艺术，提供优质服务。客人不仅能够得到高级的物质享受，也能得到很好的精神享受。

三星酒店：设备齐全，不仅提供食宿，还有会议室、游艺厅、酒吧间、咖啡厅、美容室等综合服务设施。这种属于中等水平的饭店在国际上最受欢迎，数量较多。

二星酒店：设备一般，除具备客房、餐厅等基本设备外，还有卖品部、邮电、理发等综合服务设施，服务质量较好，属于一般等级。

一星酒店：设备简单，具备食、宿两个基本功能，能满足客人最简单的旅行需要。

国际酒店等级标准

国际上把饭店分为五个等级：最高等级的为豪华（Luxury Hotels），第二等级为高级（First Class Hotels），第三等级的为中等价位（Middle-Price Hotels），第四等级的为经济型（Economy Hotels），第五等级的为预算型（Budgeted Hotels）。可以简单把豪华饭店等同于国内标准的五星级、高级饭店等同于国内标准的四星级、中价位饭店等同于国内标准的三星级、经济型饭店等同于国内饭店的二星级、预算型饭店等同于国内标准的一星级。不少国际著名管理集团，在国外管理的属于高级等级的饭店品牌，在我国都被评为五星级酒店。在不同的国家和地区，同样等级中的饭店，从硬件和软件两个方面，都有不小的差别。目前在我国也存在同样国际品牌饭店，在不同城市，归属于不同的星级的事实。

国际超五星级酒店标准：

（1）具有两年以上五星级饭店资格。

（2）地理位置处于城市中心商务区或繁华地带，交通极其便利。

（3）建筑主题鲜明，外观造型独具一格，有助于所在地建立旅游目的地形象。

（4）内部功能布局及装修装饰能与所在地历史、文化、自然环境相结合，恰到好处地表现和烘托其主题氛围。

（5）除有富丽堂皇的门廊及入口外，饭店整体氛围极其豪华气派。

（6）各类设施配备齐全，品质一流；有饭店内主要区域温湿度自动控制系统。

（7）有位置合理、功能齐全、品位高雅、装饰华丽的行政楼层专用服务区，至少对行政楼层提供24小时管家式服务。

（8）以下项目中至少具备5项：

①普通客房面积不小于36平方米；

②有布局合理、装饰豪华、格调高雅、符合国际标准的高级西餐厅，可提供正规的西式正餐和宴会；

③有位置合理、装饰高雅、气氛浓郁的独立封闭式酒吧；

④有净高不小于5米、至少容纳500人的宴会厅；

⑤国际认知度极高，平均每间可供出租客房收入连续三年居于所在地同星级饭店前列；

⑥有规模壮观、构思独特、布局科学、装潢典雅、出类拔萃的专项配套设施。

【思考与练习】

1. 领队在办理入住和分房卡时所需的证件和单据有哪些？
2. 在入住酒店的过程中，如果遇到客人种种挑剔行为，作为领队应当如何处理？
3. 游客在酒店丢失行李如何处理？
4. 游客在酒店房间摔伤如何处理？
5. 学生分组模拟领队办理入住的情景，并由老师打分。

任务二　游览过程中相关问题的处理

参观游览活动是旅游六要素中最核心的要素，是旅游活动的主要目的，是游客所期待的重头戏，也是领队、地陪服务的中心环节。所以，在游览过程中，领队需配合地陪人员，按照合同标准为游客提供优质、热情的服务及精彩、生动的讲解，向游客介绍团队行程安排及景点历史背景、特色资源、景观价值等游客感兴趣的内容，带领游客完成参观游览活动，最终保证旅游接待计划能够顺利完成。

任务描述

领队小何带领一个昆明旅游团，参加越南芽庄 6 天 5 晚行程。旅行团从昆明长水机场包机直飞越南芽庄。到达芽庄后，旅行团的行程是参观具有深厚文化底蕴的婆那加占婆塔、五指岩、自然风光宜人的猴子岛、黑岛、兰花岛等景点。请问领队小何在参观游览过程中的主要工作有哪些？

任务分析

在游览过程中，领队首先应该与地陪核对、商定行程，确保行程符合合同要求，然后在行程开始前向游客宣布行程总安排。应多次提醒游客接下来的行程安排并在头天行程结束之前，对次日行程进行再次提醒和强调。让游客做到心中有数，并可根据行程安排、天气状况等提醒游客着装及携带相关物品。在行程过程中，领队还要辅助地陪完成游览计划，包括讲解工作和日常服务等相关工作。

完成任务

（1）学生分成不同的小组进行角色扮演，一位扮演领队、另一位扮演地陪，模拟核对行程场景。

（2）在完成游览计划时，明晰领队自身工作指责和范围，切不可越俎代庖。

（3）教师通过学生完成的任务进行综合考评。

方法与步骤

1. 领队和地陪应首先核对、商定行程，之后告知客人行程安排

核对并商定行程是领队和地陪合作的开端和标志，在旅行团到达的当天，双方应尽早对行程安排进行核对、协商。

（1）在领队、地陪核对行程过程中，如果有领队行程单和地陪行程单不一致或行程有增减之处应该及时上报旅行社。

（2）在领队、地陪、游客协商行程过程中，针对游客提出的具体要求有两种处理办法。第一，游客所提出的要求合理且领队和地陪能够满足的情况下，应尽量予以满足；第二，游客提出与原定行程不符或明显超过接待标准（且不愿意补差价）时，领队和地陪应婉言拒绝，并给出拒绝理由，处理好与游客的关系。

（3）核对商定行程之后，告知游客行程。行程核对、商定之后，一般情况不做较大的改动。领队应该及时向全体团员宣布商定后的总行程。在每日行程中，还应该重申当日行程安排、注意事项等，让游客做到心中有数。

2. 领队辅助地陪完成旅游接待计划

境外的游览工作主要由当地陪负责，领队在此过程中的工作职责是监督地陪服务质量、协调处理游客在游览过程中的问题、负责保障游客人身和财产安全。

（1）领队辅助地陪完成景点讲解。在地陪进行景点的自然风光、人文风俗讲解时，领队应给予辅助。在人名、地名翻译或讲解内容模糊以及跨文化交流有理解分歧的地方，领队应在旁边轻声提醒地陪。

（2）领队辅助地陪完成日常行程的告知提醒工作。在讲解工作之余，领队还应辅助地陪就游览过程中吃、住、行、游、购、娱六要素中其他要素的具体安排和注意事项尽到提醒告知义务。

（3）游览途中领队应协助地陪，及时查看游客的游览效果、人数及安全情况。抵达景点后，领队和地陪应就该景点游览时长、游览顺序、游览结束时间地点等必要信息以及游览途中走散、迷路等应急方案向游客具体说明。一般情况下，地陪导游在旅行团的最前端进行讲解和引导游览工作，而领队应该在旅行团的末端，负责游客的人数清点、安全保障等工作，以提升游客的游览效果和质量。

【知识链接】

兑换货币[①]

一般来说，兑换目的地国家货币时应当避免多次兑换，以减少因多次兑换而产生的损失。目前，中国银行柜面可以兑换的境外货币，有美元、英镑、欧元、港币、日元等，一般凭身份证到中国银行即可办理。

（1）东南亚国家：目前，人民币在东南亚国家可以方便地兑换当地货币，加上人民币汇率上升，因此在大部分东南亚国家，用人民币兑换比用美元更方便合算。

（2）日本：建议在国内先用人民币兑换日元现金，在日本用美元可以兑换日元。

（3）韩国：若有美金，建议在韩国当地用美金兑换韩元比较划算；若没有美金，则可先在国内银行先将人民币直接兑换成韩币。也可以到达之后再换韩元，因为汇率较低，所以用人民直接兑换韩币不太划算。

（4）欧洲：去欧洲前在国内银行换好欧元再出发，目前人民币稍显强势一些，用人民币换成美元，再兑换欧元比较划算。

（5）美国：最方便的方式是在国内用人民币换好美元再出发。

（6）澳大利亚：当地一般只以澳元结算，所以在国内用人民币先兑换少量澳元是必需的，而像DFS免税店购物通常也会收取美元。

---

① 搜狐.旅游：出境游一定要注意的五件事.http://www.sohu.com/a/232021462_212664.

（7）迪拜：当地货币为迪拉姆，中国银行不提供直接兑换，美元通用。

很多国家带有银联的Visa、Master卡可以直接使用，按照当天汇率结算，就是在国外用当地货币支付，回国后用人民币还款。有的国家刷卡不需要密码，有的要核对付款签名与信用卡上签名是否一致。最好带2张信用卡，在日本就曾发生有的地方不识别或不收银联卡的情况。

《导游领队引导文明旅游规范》相关条款

5.6 游览

5.6.1 导游领队宜将文明旅游的内容融合在讲解词中，进行提醒和告知。

5.6.2 导游领队应提醒旅游者遵守游览场所规则，依序文明游览。

5.6.3 在自然环境中游览时，导游领队应提示旅游者爱护环境、不攀折花草、不惊吓伤害动物，不进入未开放区域。

5.6.4 观赏人文景观时，导游领队应提示旅游者爱护公物、保护文物，不攀登骑跨或胡写乱划。

5.6.5 在参观博物馆、教堂等室内场所时，导游领队应提示旅游者保持安静，根据场馆要求规范使用摄影摄像设备。不随意触摸展品。

5.6.6 游览区域对旅游者着装有要求的（如教堂、寺庙、博物馆、皇宫等），导游领队应提前一天向旅游者说明，提醒准备。

5.6.7 导游领队应提醒旅游者摄影摄像时先后有序，不妨碍他人。如需拍摄他人肖像或与他人合影，应征得同意。

5.7 娱乐

5.7.1 导游领队应组织旅游者安全、有序、文明、理性参与娱乐活动。

5.7.2 导游领队应提示旅游者观赏演艺、比赛类活动时遵守秩序：如按时入场、有序出入。中途入场或离席以及鼓掌喝彩应合乎时宜。根据要求使用摄像摄影设备，慎用闪光灯。

5.7.3 导游领队应提示旅游者观看体育比赛时，尊重参赛选手和裁判，遵守赛场秩序。

5.7.4 旅游者参加涉水娱乐活动的，导游领队应事先提示旅游者听从工作人员指挥，注意安全、爱护环境。

5.7.5 导游领队应提示旅游者在参加和其他旅游者、工作人员互动活动时，文明参与、大方得体，并在活动结束后对工作人员表示感谢，礼貌话别。

5.9 如厕

5.9.1 在旅游过程中，导游领队应提示旅游者正确使用卫生设施；在如厕习惯特别的国家或地区，或卫生设施操作复杂的，导游领队应向旅游者进行相应说明。

5.9.2 导游领队应提示旅游者维护卫生设施清洁、适度取用公共卫生用品，并遵照相关提示和说明不在卫生间抽烟或随意丢弃废弃物、不随意占用残障人士专用设施。

5.9.3 在乘坐长途汽车前，导游领队应提示旅游者行车时间，提醒旅游者提前上卫生间。在长途行车过程中，导游领队应与司机协调，在中途安排停车如厕。

5.9.4 游览过程中，导游领队应适时提示卫生间位置，尤其应注意引导家长带领未成年人使用卫生间，不随地大小便。

5.9.5 在旅游者众多的情况下，导游领队应引导旅游者依序排队使用卫生间、并礼让急需的老人、未成年人、残障人士。

5.9.6 在野外无卫生间等设施设备的情况下，导游领队应引导旅游者在适当的位置如厕，避免污染水源或影响生态环境。并提示旅游者填埋、清理废弃物。

【技能拓展】

在领队带团出境之前，应当及时了解所前往国家的情况，留意外交部网站发布的出国特别提醒和走出国门注意事项，如需前往近期安全形势不佳（战乱、地质灾害、疫情、气候异常或不适宜出行等因素）的国家和地区，应该事先做好安全准备。

在游客游览过程中，领队应该做好以下工作：

（1）针对游览过程中常见事故和突发状况，向游客进行有关安全提示和忠告。

（2）在通过危险路段（如陡峭、狭窄的山路、潮湿泛滑的道路等）和具有安全隐患的景点（险峻风光、高海拔景区、极限挑战景点）时，领队要提醒游客不可拥挤，并应该充分考虑自身身体条件是否允许，切不可强求和心存侥幸。

（3）在需要长时间行进的景点游览过程中，领队应根据游客身体状况适时给予游客休息和补充体力的时间，避免过度且剧烈的运动。

（4）在水上（包括江河、湖海、水库）游览或活动时，领队要提醒游客注意乘船安全，督促旅行团内每一位游客穿戴救生衣并强调严禁游客单独前往深水区和危险河道。

（5）在乘坐缆车等载人观光运载工具时，领队要协助景区工作人员安排游客有序乘坐。谨防超载、超员或明知载人观光运载工具异常而继续乘坐的情况发生。

（6）游览期间，领队应提醒游客尽量避免独行，自由活动不可走太远，提醒团队成员相互照顾，特别是对老人和小孩的照顾。除此之外，领队还应该和游客约定，如迷路，应在原地打电话求救或求助，等待领队或地陪原路返回寻找。

（7）在旅游景点留影拍照时，领队要提醒游客秩序原则，切莫插队照相，从而妨碍其他游客。

【思考与练习】

1. 领队在旅行团游览过程中，应该如何做好本职工作？

2. 针对中国游客出境游的不文明行为,整理出领队在此环节工作的提醒清单。

3. 学生分组选取境外任一游览景点,进行游览情景模拟,并由老师打分。

任务三 餐饮及相关问题的处理

用餐是行程中的重要一环,用餐环节不仅仅体现了餐厅的口味、风格,还体现了领队、地陪的服务意识与水平以及与餐厅相关人员沟通、配合的效果。在用餐过程中,为了避免游客对用餐环境、菜品及餐厅相关设施的不适应或投诉,领队和全陪应该在用餐前向游客做相关介绍并督促餐厅工作人员上菜,在游客用餐过程中要看餐,在用餐结束后需主动询问、征求客人意见,如有需要调整的地方,应积极协调安排。

任务描述

领队小李带领一个广东旅游团,参加泰国普吉岛8天7晚的行程。旅行团到达泰国普吉岛后,有的游客漫步在柔软舒适的沙滩上,有的则乘快艇感受蔚然大海的神秘。当游客尽情享受完踏浪、戏水等愉悦之后,到了用餐时间,为旅行团准备的是当地鲜活的海鲜大餐及泰国特色小吃。请问领队小李应该做好哪些工作?

任务分析

《旅行社出境旅游服务质量》规定:旅行团就餐时,领队应该对就餐餐厅、菜肴等特色做简单介绍;并在抵达餐厅后,介绍餐厅相关设施,引导游客就座并对酒水种类进行说明;解答游客提问、解决游客面临的问题。此外,领队还应该在游客用餐过程中看餐,并在用餐结束后,询问游客对菜品、服务、用餐环境的满意度。

完成任务

(1)学生分成不同的小组进行角色扮演,一组扮演餐厅工作人员、另一组扮演旅行团成员,并单独挑选两位同学扮演领队和地陪,模拟旅行团就餐场景。

(2)熟悉各旅游地饮食特点及风俗习惯。

(3)教师通过学生完成的任务进行综合考评。

方法与步骤

民以食为天,用餐是行程中游客必须经历的重要环节,也是旅游接待中容易发生矛盾和冲突的一个环节。所以,针对餐饮在整个行程中的重要性和矛盾频发性,领队应该高度重视用餐环节的服务工作规范,并积极与地陪及餐厅工作人员沟通协作,以保障游客在此过程中的权益。

1. 地陪告知旅行团全体成员用餐相关信息

领队应提前跟地陪沟通旅游团关于餐饮方面的特殊要求及饮食禁忌，之后由地陪提前通知餐厅该旅行团的大致用餐时间、团号、国籍、人数、标准及特殊要求（要求换餐、加餐、单独用餐、自费增加的其他项目等）、饮食忌讳（有无素食者或宗教信仰禁忌者等）。然后，向游客介绍说明用餐细节信息，如餐厅及菜品特色、就餐时间和地点、就餐注意事项等。

2. 引领游客进入餐厅并安排就座，安排就餐事宜

（1）引领旅游者进入餐厅，与餐厅工作人员确定桌号后，安排游客入座。

（2）地陪介绍领队和餐厅主管相互认识，并督促餐厅及时上菜。

（3）在等待餐厅上菜的过程中，地陪应向游客介绍就餐相关规定，如哪些饮料包括在费用之内，哪些不包括在内，若有超出规定的服务要求，费用由旅游者自理等，以免产生误会。

（4）待菜品上齐后，领队应观察菜品数量和质量是否符合合同标准，在游客开始用餐后，祝游客用餐愉快并自行离开就餐。

3. 游客用餐过程中领队和地陪需随时处理各种情况

在游客用餐过程中，领队和地陪应适时了解、观察游客用餐情况。要做到这一点，领队或地陪需中途到餐桌旁查看一至两次，游客饭量、菜量是否足够，为游客的自费行为（购买酒水、饮料等）提供翻译帮助，并及时解答游客用餐过程中出现的问题。

4. 用餐结束后，询问游客意见建议并积极协调改进

用餐结束后，等待地陪与餐厅结算时，领队应该主动询问游客对该餐的意见和建议，针对游客反映的情况，在自己权限范围和不超过合同标准的情况下，应予以接纳和改进；在超出自己权限范围且有重大问题时，应该及时上报旅行社。

【知识链接】

西餐礼仪[①]

随着中国经济的发展社会的进步，西方饮食文化越来越走进我们中国人的生活，那么学习一些西餐的用餐礼仪就十分必要，下面简单介绍一下西餐礼仪。

（1）预约的窍门：越高档的饭店越需要事先预约。预约时，不仅要说清人数和时间，也要表明是否要吸烟区或视野良好的座位。如果是生日或其他特别的日子，可以告知宴会的目的和预算。在预订时间内到达，是基本的礼貌。

---

① 中国餐饮美食网，http://www.docin.com/p-62622533.html.

（2）再昂贵的休闲服，也不能随意穿着上餐厅。

（3）吃饭时穿着得体是欧美人的常识。去高档的餐厅，男士要穿着整洁的上衣和皮鞋；女士要穿套装和有跟的鞋子。如果指定穿正式服装的话，男士必须打领带。

（4）由椅子的左侧入座。最得体的入座方式是从左侧入座，当椅子被拉开后，身体在几乎要碰到桌子的距离站直，领位者会把椅子推进来，腿弯碰到后面的椅子时，就可以坐下来。

（5）用餐时，上臂和背部要靠到椅背，腹部和桌子保持约一个拳头的距离，两脚交叉的坐姿最好避免。

（6）正式的全套餐点上菜顺序是：①菜和汤；②鱼肝油；③水果；④肉类；⑤乳酪；⑥甜点和咖啡；⑦水果，还有餐前酒和餐酒。没有必要全部都点，点太多却吃不完反而失礼。稍有水准的餐厅都不欢迎只点前菜的人。前菜、主菜（鱼或肉择其一）加甜点是最恰当的组合。点菜并不是由前菜开始点，而是先选一样最想吃的主菜，再配上适合主菜的汤。

（7）点酒时不要硬装内行。在高级餐厅里，会有精于品酒的调酒师拿酒单来，对酒不大了解的人，最好告诉他自己挑选的菜色、预算、喜爱的酒类口味，请调酒师帮忙挑选。

（8）主菜若是肉类应搭配红酒，鱼类则搭配白酒。上菜之前，不妨来杯香槟、雪利酒或吉尔酒等较淡的酒。

（9）餐巾在用餐前就可以打开。点完菜后，在前菜送来前的这段时间把餐巾打开，往内折三分之一，三分之二平铺在腿上，盖住膝盖以上的双腿部分。最好不要把餐巾塞入领口。

（10）用三根手指轻握杯脚。酒类服务通常由服务员负责将少量酒倒入酒杯中，让客人鉴别一下品质是否有误。只需把它当成一种形式，喝一小口。接着，侍者会来倒酒，这时，不要动手去拿酒杯，而应把酒杯放在桌上由侍者去倒。正确的握杯姿势是用手指轻握杯脚。为避免手的温度使酒温增高，应用大拇指、中指、食指握住杯脚，小指放在杯子的底台固定。

（11）喝酒的方法。喝酒时绝对不能吸着喝，而是倾斜酒杯，像是将酒放在舌头上似的喝。轻轻摇动酒杯让酒与空气接触以增加酒味的醇香，但不要猛烈摇晃杯子。此外，一饮而尽，边喝边透过酒杯看人，都是失礼的行为。不要用手指擦杯沿上的口红印，用面巾纸擦较好。

（12）喝汤也不能吸着喝。先用汤匙由后往前将汤舀起，汤匙的底部放在下唇的位置将汤送入口中。汤匙与嘴部呈45°较好。身体上的半部略微前倾。碗中的汤剩下不多时，可用手指将碗略微抬高。如果汤用有握环的碗装，可直接拿住握环端起来喝。

（13）面包的吃法。先用两手撕成小块，再用左手拿来吃的原则。吃硬面包时，用手撕不但费力而且面包屑会掉满地，此时可用刀先切成两半，再用手撕成块来吃。避免像用锯子似割面包，应先把刀刺入另一半。切时可用手将面包固定，避免发出声响。

115

（14）鱼的吃法。鱼肉极嫩易碎，因此餐厅常不备餐刀而备专用的汤匙。这种汤匙比一般喝汤用的稍大，不但可切分菜肴，还能将调味汁一起舀起来吃。若要吃其他混合的青菜类食物，还是使用叉子为宜。首先用刀在鱼鳃附近刺一条直线，刀尖不要刺透，刺入一半即可。将鱼的上半身挑开后，从头开始，将刀叉在骨头下方，往鱼尾方向划开，把针骨剔掉并挪到盘子的一角。最后再把鱼尾切掉。由左至右面，边切边吃。

（15）如何使用刀叉。基本原则是右手持刀或汤匙，左手拿叉。若有两把以上，应由最外面的一把依次向内取用。刀叉的拿法是轻握尾端，食指按在柄上。汤匙则用握笔的方式拿即可。如果感觉不方便，可以换右手拿叉，但更换频繁则显得粗野。吃体积较大的蔬菜时，可用刀叉来折叠、分切。较软的食物可放在叉子平面上，用刀子整理一下。

（16）略事休息时，刀叉的摆法。如果吃到一半想放下刀叉略作休息，应把刀叉以八字形状摆在盘子中央。若刀叉突出到盘子外面，不安全也不好看。边说话边挥舞刀叉是失礼举动。用餐后，将刀叉摆成四点钟方向即可。

《导游领队引导文明旅游规范》相关条款

5.5 餐饮

5.5.1 导游领队应提醒旅游者注意用餐礼仪，有序就餐，避免高声喧哗干扰他人。

5.5.2 导游领队应引导旅游者就餐时适量点用，避免浪费。

5.5.3 导游领队应提醒旅游者自助餐区域的食物、饮料不能带离就餐区。

5.5.4 集体就餐时，导游领队应提醒旅游者正确使用公共餐具。

5.5.5 旅游者如需在就餐时抽烟，导游领队应指示旅游者到指定抽烟区域就座，如就餐区禁烟的，应遵守相关规则。

5.5.6 就餐环境对服装有特殊要求的，导游领队应事先告知旅游者，以便旅游者准备。

5.5.7 在公共交通工具或博物馆、展览馆、音乐厅等场所，应遵守相关规则，勿违规饮食。

【技能拓展】

多重因素导致中西方餐饮文化的差异[①]

中国游客去到国外用餐时，往往因为排队、大声喧哗、取食方式不当等行为遭到餐厅工作人员和其他食客的不满，这由多重因素导致：有中西方文化、饮食习惯的差异，也有宗教信仰习俗的差异，还有游客自身原因的差异等，以下是某些中国游客在就餐过程中出现的一些有待改进的差异化行为。

---

① 百度文库.外国餐馆就餐礼仪，https://wenku.baidu.com/view/df08171aa76e58fafab003f1.html.

（1）客人就座后，有些中国游客习惯用餐前用餐巾把餐具擦一下。这在外国是十分忌讳的，表示顾客对餐馆的卫生不满意。服务员若是看到这种情况会马上换一套新的。因此，应注意不要这样做。万一发现某一餐具不干净，可直接找服务员说明，请其调换。

（2）国外餐厅特别是一些自助餐餐厅内，部分饮品是免费的，中国游客往往会拿自己的水杯灌满一杯后带走，餐厅经营者因此感到很无奈，于是在接饮品处用中文张贴"禁止外带"的告示。有的游客把餐厅提供给全部顾客的赠品统统收起来带走；有的游客喊着号子、划着拳喝酒，在餐厅一喝就是几十瓶啤酒，搞得餐厅工作人员和其他游客怨声载道并不时投来鄙夷的眼光；还有少数游客顺手"牵"走餐厅、酒店的餐具杯盏。

（3）国外自助餐要求游客排队依次拿取食物，一次不能拿太多，拿的食物一定要吃完，食品饮料不能带走，在空调房内禁止吸烟，用餐时禁止高声喧哗以免影响餐厅其他客人就餐。但许多中国人一进自助餐厅，就在食物区里横冲直撞，抢在其他人前面挑选食物，并把盘中食物堆得像座小山，最后却吃不完，浪费现象极其严重。少数中国游客高声喧哗并抽烟喝酒，还会把鸡蛋偷偷揣在口袋里带走，或者是把饮料灌在自己的杯子里带走。

（4）在大部分西欧国家，在咖啡馆喝饮料的方式有两种。一种是在柜台前站着喝，另一种是坐下来等服务员端到桌前。两种喝法，不同服务，两种价格。咖啡馆也往往将两种价格标示在门口或价目牌上。初次出国的人不知内情，在街上走累了，看到路边摆放的桌椅往往会坐下来休息。这立即会引来服务员上前询问要什么饮料。如果不要任何饮料，会引起店家的不快，所以出于礼仪，此种做法应避免。

（5）宗教信仰不同带来的差异：有的国家信奉的宗教教义里规定不允许喝含酒精的饮料，而不少国内游客却对当地人热情劝酒，会让对方很为难，甚至觉得受到了侮辱。

【思考与练习】

1. 思考并梳理领队在用餐时的工作流程。
2. 学习各国用餐礼仪及文化，熟悉与就餐相关的英语词汇。
3. 学生分组模拟餐厅用餐情景，并由老师打分。

任务四　购物及相关问题的处理

旅游行程即将结束之时，游客常常会有购买旅游地纪念品的消费需求，因此，安排购物环节符合了游客的消费心理。据统计，在国际旅游总消费中，用于购物的部分约占50%，在新加坡、中国香港等国家或地区的旅游总收入中，销售商品的收入甚至已超过了上述比例。购物环节要求领队和地陪具有专业且可信赖的职业素养，使游客在购物环节获得物质和精神上的满足和愉悦。

任务描述

资深日韩线领队小赵正带领一个深圳旅游团在韩国首尔的乐天百货免税店选购商品。据小赵介绍，内地游客热衷的日本、韩国及中国香港购物的免税店有：DFS旗下T广场（香港广东道店、冲绳店）、新罗免税店（首尔）、Laox（冈山机场店、秋叶原总店）、乐天免税店（明洞总店）。游客方面，出境游客的年龄段主要集中在25~45岁，这部分人群购买力也很强。请问领队小赵此时应该做哪些工作？

任务分析

《旅行社出境旅游服务质量》对领队和地陪购物环节的服务工作标准做出了以下要求：

（1）向游客介绍本地商品的特色。

（2）向游客讲清购物停留时间。

（3）向游客介绍购物的有关注意事项。

（4）随时向游客提供在购物过程中所需要的服务，如语言翻译、介绍托运手续等[1]。

完成任务

（1）了解世界知名旅游购物商店及热销商品情况。

（2）清楚境外购物相关海关规定，如购物退税、违禁品等规定。

（3）学生可以分成不同的小组模拟购物场景和海关出入境场景、相互评价任务的完成情况。

（4）教师通过学生完成的任务进行综合考评。

方法与步骤

购物是旅游六要素中的一个重要环节，喜欢购物是中国游客出行的一大特点。据有关报道，中国游客在德国的日平均购物消费为110美元，在瑞士日均消费为400瑞郎，约合313美元，分别位于外国人在当地消费的前列。2010年，美国商务部发布统计数据，平均每个中国游客在美国花费高达6000美元[2]。由此可见，购物已成为中国游客出境旅游的重要议程。

1. 监督购物安排，维护游客和旅行社利益

领队应该监督地陪前往行程单所指定的购物店进行购物，并严格遵照行程标准（次数、购物时间）进行。如遇与行程标准不符或需增加或减少购物次数、延长或缩短购物时长，地陪应事先同领队协商解决，并征得游客同意，如果超出领队的工作权限，则应

---

[1] 王健民.出境旅游领队实务[M].北京：旅游教育出版社，2013.

[2] 同①.

该及时上报旅行社，以保障游客和旅行社的权益。

2. 告知游客不同国家的退税和违禁品等相关规定

（1）对街头小贩强拉强卖行为的提醒。在一些购物店门口，时常聚集着不少街头小贩，他们沿街兜售与购物店中商品外形相似、价格低廉的仿制品。当游客因好奇而观望小贩手中物品时，众多小商贩便会一拥而上，场面十分混乱。因此，领队应该事先提醒游客，谨防上当受骗，切不可听之任之、放任不管。

（2）对各国海关退税规定的介绍。领队应事先了解各国退税规定，在购物前提前向游客介绍，并提醒游客寻找"Tax refund"或"Tax Free"标志并索要发票。在欧洲、澳大利亚、南非等许多国家，都对游客购物有具体的退税规定，所以领队在前往带团之前，需要提前了解所前往国家退税的相关政策和流程。

（3）对各国海关关于违禁品相关规定的介绍。购物环节的设计和安排一般安排在行程中期或后期，领队需根据旅行团所处国家的海关出境规定向游客介绍说明，提醒游客在购物环节所购买商品的种类、数量以及所携带现金的数额限制。若该国在出境时对游客携外汇现金数量有限制（如塞舌尔出境时，游客所携外汇数量超过400美元的部分，会被没收），那么游客在购物环节则需考虑支付方式等相关问题。领队还应提醒游客，海关如果搜查到游客携带了违禁品，则会予以重罚。

3. 在购物过程中，帮助游客挑选满意的商品

（1）语言帮助。由于游客大部分语言不通，在自由购物时，领队务必要多次向游客强调集合时间、地点，避免游客单独行动。在部分境外购物店内，针对中国游客，店家提供了专人中文导购服务。但有时候游客在购物过程中，仍然会遇到语言障碍，这就要求领队在游客购物时，为其提供相关语言翻译帮助。

（2）购物参谋。领队从国内便开始带领游客游玩，游客对领队的认可表现在对领队的信任感上。当游客在挑选商品时，他们需要领队给予朋友般的建议和专业艺术审美、功能价值角度方面的介绍。

（3）相关服务。有的境外商场很大，入口都差不多，要提醒游客记住几号门或者周围明显标志。对游客购买的商品进行检验、托运等相关服务帮助。

4. 购物的后续工作

游客购买商品后，应对商品的保养、使用方法进行详细介绍。如果游客对所购买的商品不满意且票据齐全、包装完好不影响二次销售的情况下需要退换时，领队和地陪应予以协调并帮助办理相关退换手续。

【知识链接】

游客购物安全事项

（1）领队要提醒游客，切莫轻信街头小贩的商品推荐，更不可随街头小贩到偏僻地方购物或取物。

（2）在游客无意购买时，不要过多地向商家询问价格和讨价还价。

（3）在购物时，领队应提醒游客要细心鉴别商品真伪，不要急于付款并在交易完成时向商家索取正式发票。

（4）在热闹拥挤的购物场所，领队要提醒游客注意保管好自己的钱包、证件及贵重物品；结伴而行，避免前往秩序混乱的场所，防止被诈骗、盗窃和抢劫事故的发生。

《导游领队引导文明旅游规范》相关条款

5.8 购物

5.8.1 导游领队应提醒旅游者理性、诚信消费，适度议价，善意待人，遵守契约。

5.8.2 导游领队应提醒旅游者遵守购物场所规范，保持购物场所秩序，不哄抢喧哗，试吃试用商品应征得同意，不随意占用购物场所非公共区域的休息座椅。

5.8.3 导游领队应提醒旅游者尊重购物场所购物数量限制。

5.8.4 在购物活动前，导游领队应提醒旅游者购物活动结束时间和购物结束后的集合地点，避免旅游者迟到、拖延而引发的不文明现象发生。

【技能拓展】

退税

首先，要弄清楚所在的旅游城市是否有针对国外消费者退税的相关服务，确认之后寻找挂有"Tax Refund""Tax Free"或是"Euro Free Tax"等标示的商家。

其次，由于各个国家对于退税的金额有不同的限制，应先衡量一下自己的购物实力，如果一个人在同一家店内消费无法达到该店规定的退税额标准，则建议结伴而行一起结账以达到退税标准所规定的最低消费金额。

在商店中填写退税单时可以选择退现金、退支票，也可以选择退回到指定的信用卡账号中，最简单的当然属退现金。

（1）日本：同一家百货公司一天内购物满 1 万日元以上，可凭护照与收据在该百货公司退税 5%。

（2）韩国：一次购买总值 5 万韩元以上的商品，并在购买商品后的 3 个月内携带出韩国，可申请退还附加税、特别消费税及防卫税。

（3）泰国：申请退税的商品总值必须不少于5000泰铢（约合人民币1000元），而每家商场购物消费最少要2000泰铢，所购商品须于购买后的60天内携带出境。

（4）澳大利亚：凡是购买含有货物服务税的商品或是酒类平价税的酒类时可分别享受11%与14.5%的退税，在同一家商店若是购物满300澳元以上，要向商家索取税单证明，并在离境时于出境海关办理退税。

（5）欧洲：欧洲各地都要求同一天在同一家商店内的购物金额达到或超过一定金额，法国最少为175欧元。欧盟国家可以在出境国统一办理，凭盖上印的退税单在机场内银行专设的退税窗口就可取到钱。

（6）中国台湾：如果在台北市内免税店购物，不需办理退税，但商品凭小票到机场过关后才能提取，提取时注意检查是否一致。如果在市内商店购物，要求同一天在同一家商店内的购物金额达到或超过一定金额，商店开具退税单，到机场办理退税。

退税时最好选择当地货币，数额不多时可直接在机场免税店消费了。如果选择美元或人民币，汇率损失会较大。

【思考与练习】

1. 若发现游客所购买的商品数量超过了海关规定，领队该如何协调和处理？
2. 回到国内后，游客要求退换所购买商品，领队该如何处理？
3. 回到国内后，游客才想起自己尚未退税，领队该如何处理？

任务五　自然灾害等相关问题的处理

自然灾害是自然界中所发生的给周围的生物、人类造成悲剧性后果的异常现象，分为地质灾害、气象灾害、气候灾害、水文灾害、生态灾害、天文灾害等。突发的自然灾害不仅考验领队的应变能力，也给出境游组团社带来"危机处理"的新课题。在具有突发性、紧迫性、威胁性的事件中，不及时处理或处理方法不当，或在危机面前惊慌失措都有可能危及游客的生命，损害旅行社的声誉。

遇到自然灾害时，领队一是要把保护游客生命安全放在第一位，绝对不能弃团脱逃或消极应对，而应积极应对，与游客一起组织自救和逃生；二是要保持镇定，临危不乱，根据现场情况科学处理；三是要积极组织自救并及时求助。当情况紧急、甚至来不及打电话求救时，一定要有主见，立即带领游客转移到安全地带；如果险情持续时间长，应及时向当地相关部门求救，并向旅行社报告，寻求支援。

任务描述

2012年4月11日下午，印度尼西亚苏门答腊岛附近海域发生8.6级地震，震源深度为20千米。地震导致当地断电，人群聚集在地势较高的地方躲避潜在危险。地震有可能引发海啸，整个印度洋海岸已经发布海啸预警。与之相隔马六甲海峡的泰国普吉岛，在收到海啸预警后已经暂时关闭机场。同时，泰国政府敦促普吉、甲米、拉廊、攀牙、董里和沙敦6个府的居民疏散。

领队小蔡正在带一个浙江旅游团在印度尼西亚游览，印度尼西亚海啸发生当天，团员反映在酒店9楼感觉到摇晃，之后他立即与当地导游商量，坚持改变行程，待次日弄清楚情况后再去比较远的岛屿。正是他的这份慎重，使得全体团员有惊无险。海啸发生后，船无法靠岸，在深海漂流时，为稳定团员情绪，领队小蔡一边与团员轻松地开着玩笑，一边拼命地打手机寻求援助。请问接下来领队小蔡应该如何处理？

任务分析

面对自然灾害的发生，领队不能慌乱。在自然灾害发生前，自然界会出现一些细小的异动，此时领队就需要慎重地判别并且坚定而及时地做出应对方案，避免旅行团深陷自然灾害当中；在自然灾害发生时，领队要沉着冷静，在安抚、救助游客的同时，还要积极与外界保持联系，争取救援。同时，领队还要时刻关注灾害发生国家外交部网站上公布的旅游注意事项和救援信息。在具有突发性、紧迫性、威胁性的事件中，运用领队自身专业知识储备和技能常识，保护自身和游客安全，争取把损失降到最低。

完成任务

（1）作为一名合格的导游，必须具备良好的综合素质，树立"没有安全就没有旅游"的安全意识，通过"读万卷书，行万里路"，学习和积累应对各种突发事件的经验。

（2）学生可以分成不同的小组进行不同自然灾害防御救援预演、相互评价任务的完成情况。

（3）教师通过学生完成的任务进行综合考评。

方法与步骤

（1）做好预防工作。出团前领队要了解旅游目的地的天气情况，做好预防准备，并告知游客。比如，如果目的地是山区，要特别注意降雨情况；如果是沿海地区，要留意台风预报等。

（2）在出团之前，领队要关注中华人民共和国外交部网站公布的部分国家旅游注意事项，及时掌握和了解所前往的国家近期安全信息。抵达目的地后，要和地陪及时沟通当地的安全状况。

（3）要成为团队的主心骨。一个好的领队应该是游客的保护伞，任何时候都要做好安全防护工作，遇到紧急情况，要综合分析当前和后续情况，做出科学判断，根据具体情况灵活处理，力争将伤亡降到最低。

（4）领队应该具备应对各种情况的安全救生知识，如遇雷雨天气，要判断所处的地形地貌，防范发生山洪、泥石流险情；有雷电时，不要携带金属物品，不要站在高处，防止雷击；地震发生时，要往空旷地带疏散。

（5）如果发现周边自然环境有所异动，则需要十分谨慎。同时可以询问游客或地陪，有无相同或相似的感受。商定之后，如认为有必要修改行程先后顺序的，领队和地陪可以对行程进行调整，避免使旅行团深陷自然灾害之中。

（6）当旅行团中有游客出现受伤的情形，领队要对受伤游客进行伤口处理，对受惊吓的游客，领队要及时安抚游客情绪。

（7）当旅行团被困时，领队要运用一切手段与外界保持联系，要想办法向救援机构汇报旅行团所在地、总人数、伤员人数及受伤情况，所剩余的生活必需品数量等信息，按照救援机构相关人员的指示，等待救援。

【知识链接】

自然灾害

自然灾害是指由于自然异常变化造成的人员伤亡、财产损失、社会失稳、资源破坏等现象或一系列事件。它的形成必须具备两个条件：一是要有自然异变作为诱因；二是要有受到损害的人、财产、资源作为承受灾害的客体。

地球上的自然变异，包括人类活动诱发的自然变异，自然灾害孕育于由大气圈、岩石圈、水圈、生物圈共同组成的地球表面环境中。无时无地不在发生，当这种变异给人类社会带来危害时，即构成自然灾害[①]。因为它给人类的生产和生活带来了不同程度的损害，包括以劳动为媒介的人与自然之间，以及与之相关的人与人之间的关系。灾害都是消极的或破坏的作用。所以说，自然灾害是人与自然矛盾的一种表现形式，具有自然和社会两重属性，是人类过去、现在、将来所面对的最严峻的挑战之一。

世界范围内重大的突发性自然灾害包括：旱灾、洪涝、台风、风暴潮、冻害、雹灾、海啸、地震、火山、滑坡、泥石流、森林火灾、农林病虫害等[②]。

《旅行社出境旅游服务规范》（GB/T 31386—2015）相关条款

5.4.5 特殊/突发情况的处理

---

① 360百科. 自然灾害, https://baike.so.com/doc/5034871-5261390.html.

② 360百科, http://baike.so.com/doc/5034871-5261390.html#5034871-5261390-2_4.

组团社应建立健全应急预案和应急处理机制，建立保持畅通的沟通渠道。

旅游者在旅游过程中遇到特殊困难、旅游者在境外滞留不归或出现特殊/突发情况，如事故伤亡、行程受阻、财物丢失或被抢被盗、重大传染性疾病、自然灾害等，领队应积极协助有关机构或直接作出有效的处理，并向我驻当地使领馆报告，获得帮助，以维护旅游者的合法权益。

《导游领队引导文明旅游规范》相关条款

6 特殊/突发情况处理

6.1 旅游过程中遭遇特殊/突发情况，如财物被抢被盗、重大传染性疾病、自然灾害、交通工具延误等情形，导游领队应沉着应对，冷静处理。

6.2 需要旅游者配合相关部门处理的，导游领队应及时向旅游者说明，进行安抚劝慰，导游领队还应积极协助有关部门进行处理。在突发紧急情况下，导游领队应立即采取应急措施，避免损失扩大，事态升级。

6.3 导游领队应在旅游者和相关机构和人员发生纠纷时，及时处理、正确疏导，引导旅游者理性维权、化解矛盾。

6.4 遇旅游者采取拒绝上下机（车、船）、滞留等方式非理性维权的，导游领队应与旅游者进行沟通、晓以利害。必要时应向驻外使领馆或当地警方等机构报告，寻求帮助。

【技能拓展】

自然灾害应对措施

1. 洪水

（1）不要惊慌，冷静观察水势和地势，然后迅速向附近的高地、楼房转移。

（2）洪水来势很猛，就近无高地、楼房可避，可抓住有浮力的物品如木盆、木椅、木板等。必要时爬上高树也可暂避。

（3）切记不要爬到土坯房的屋顶，这些房屋浸水后容易倒塌。

2. 火灾

（1）保持镇静，迅速判断危险地点和安全地点，尽快撤离。

（2）逃生时不可蜂拥而出或留恋财物。必须穿过火区时，应尽量用浸湿的衣物披裹身体，捂住口鼻，贴近地面。

（3）身上着火，千万别奔跑，可就地打滚，将身上的火苗压灭或跳入就近的水池、水缸、小河等。

（4）身处楼上，寻找逃生路一般向下不向上。进入楼梯间后，确定楼下未着火时再向下逃生。

（5）楼梯或门口被大火封堵，楼层不高时，可利用布匹、床单、地毯、窗帘等制成绳索，通过窗口、阳台、下水管等滑下逃生。

（6）楼层高，其他出路被封堵，应退到室内，关闭通往着火区的门、窗，有条件的用湿布料、毛巾等封堵着火区方向的门窗，并用水不断地浇湿，同时靠近没有火的一方的门窗呼救。晚上可用手电筒、白布摆动发出求救信号，绝不可乘坐电梯，也不可贸然跳楼。

3. 雷击

（1）远离建筑物的避雷针及其接地引下线，这样做是为了防止雷电反击和跨步电压伤人。

（2）远离各种天线、电线杆、高塔、烟囱、旗杆，如有条件，应进入有防雷设施的建筑物或金属壳的汽车、船只，但帆布的篷车、拖拉机、摩托车等在雷雨发生时是比较危险的，应尽快远离。

（3）尽量离开山丘、海滨、河边、池塘边，尽量离开孤立的树木和没有防雷装置的孤立建筑物，铁围栏、铁丝网、金属晒衣绳边也很危险。

（4）雷雨天气尽量不要在旷野行走，外出时应穿塑料材质等不浸水的雨衣，不要骑在牲畜上或自行车上行走；不要用金属杆的雨伞，不要把带有金属杆的工具如铁锹、锄头扛在肩上。

（5）人在遭受雷击前，会突然有头发竖起或皮肤颤动的感觉，这时应立刻躺倒在地，或选择低洼处蹲下，双脚并拢，双臂抱膝，头部下俯，尽量降低自身位势、缩小暴露面。

（6）如果雷雨天气待在室内，并不表示万事大吉，必须关好门窗，防止球形雷窜入室内造成危害；把电视机室外天线在雷雨天与电视机脱离，而与接地线连接；尽量停止使用电器，拔掉电源插头；不要打电话和手机；不要靠近室内金属设备（如暖气片、自来水管、下水管）；不要靠近潮湿的墙壁。

4. 台风

（1）不要在建筑物旁避风躲雨，强风有可能吹倒建筑物、高空设施（如破旧房屋、树木等等），易造成人员伤亡。

（2）注意远离高空坠物，强风会吹落高空物品，易造成砸伤砸死事故[①]。

【思考与练习】

1. 在自然灾害发生时，领队要如何与外界保持联系？

---

① 360 百科，http://baike.so.com/doc/5034871-5261390.html#5034871-5261390-2_4.

2. 领队需要学习哪些相关卫生急救常识,以便在灾害发生时可用。

任务六　游客患病等相关问题的处理

旅行活动本身就是一项具有挑战性并且求新求异的人类探索未知领域的活动。在旅游活动中,依托旅行社多年的运营,形成了成熟的旅游游览路线,在此过程中,虽规避了大量突发风险,但是再成熟的旅游路线也无法完全排除危及旅游者人身安全的所有隐患。所以,领队应告知游客行程中的诸多安全问题和自救、处理办法。在遇到紧急情况时,领队要按照急救原则,运用所掌握的急救知识完成现场处理和救援任务,同时寻求多方援助。

任务描述

领队小孙带领一个湖南旅游团在泰国曼谷大皇宫内游览,当天泰国曼谷的气温超过了35℃,骄阳似火,空气中弥漫着炙热的气息,地面冒着热浪,人们的鞋底仿佛要被熔化。旅行团里有一位65岁的老人出现了身体不适,他把自己的不适告诉了领队小孙。小孙初步判定,老人出现了中暑症状。于是小孙让其他游客跟随地陪继续游览大皇宫,他和老人的家人一同搀扶老人来到一棵大树下,请问小孙接下来应该为老人做哪些急救处理?

任务分析

《中国公民出国旅游管理办法》第十八条规定:旅行团领队在带领旅行者旅行、游览过程中,应当就可能危及旅游者人身安全的情况,向旅游者做出真实说明和明确警示,并按照组团社的要求采取有效措施,防止危害的发生。

完成任务

(1)了解中暑产生的原因、症状,掌握中暑预防和处理的方法。
(2)除中暑之外,掌握其他常见的旅游卫生常识和急救护理知识。
(3)学生分成不同小组进行旅游卫生常识、急救护理知识的问答训练,还可以模拟现场情形,进行护理和急救演习。
(4)教师通过学生完成的任务进行综合考评。

方法与步骤

领队在带团过程中,会遇到游客因自身身体原因患病或由于外界环境引起的突发紧急事件。作为一名有经验的领队应在出团前,明确告知游客行程过程中存在的真实风险并告知其如何科学避免危害。此外,《旅行社出境旅游服务质量》中对"领队素质要求"的规定是,领队应该掌握一定的急救知识,防患于未然。在遇到各类突发状况时,领队需要冷静、及时、有效地保护自己和游客,降低风险和损失。

中暑的主要原因是人体长时间暴露在太阳下或高湿热环境中,出现大汗、口渴、头昏、耳鸣、眼花、胸闷、恶心、呕吐、发烧,严重者会神志不清甚至昏迷等症。若遇游客出现中暑情况,领队和地陪需要及时处理,具体方法如下:

第一,领队和地陪应该根据天气状况合理安排行程,预防游客中暑。在高热环境下,地陪和领队要根据游客身体状况安排休息,劳逸结合,提醒游客补水防晒,避免长时间在烈日下活动。

第二,发现旅行团中有游客出现中暑症状后,应该及时处理:(1)领队和地陪在发现有游客中暑后,领队应该立即安排团友或亲属将中暑游客搀扶或抬到阴凉通风处,使其平躺,并解开过紧的衣领和裤带。与此同时,地陪要继续带领其他游客参观游览。(2)领队要及时给中暑游客补充水分,如有条件,补充含盐饮料效果更佳。(3)中暑游客如有发烧情况出现,领队应该寻求景区医务工作人员的帮助,让中暑游客服下防暑药品,并采取物理降温法(用冷水或酒精擦拭中暑游客身体,帮助其体表散热)。(4)依据中暑游客症状,确定下一步方案,静卧休息或送往更大的医院。

【知识链接】

急救现场处理原则和主要任务

急救工作是争分夺秒抢救伤病员生命的工作,应遵循ABC三原则,分别是:A(Air Way通风)、B(Breathing呼吸)、C(Circulation循环),以及止血、包扎、固定、搬运四项基本急救措施。在急救现场要分清轻重缓急,保持冷静和清醒地抢救伤病员,减少伤病员的痛苦和二次损伤,之后应及时就医或等待救援,以免丧失有利时机。

(1)紧急情况发生后,领队和地陪首先应该保持镇静,不可过度慌张以至失措,并设法维持现场秩序,镇定地指挥现场工作。

(2)事发现场,立即组织人员排除致伤(命)因素,如搬开压在身上的重物、撤离危险现场(中毒、火灾、水灾等现场)、清理伤病员口鼻处异物(呕吐物、血块、泥沙等),保证其呼吸畅通。

特别强调的是,在确定伤病员有脊柱受损的情况下,原则上不要轻易搬动伤者,以避免二次损伤。但在周围环境危及伤者生命的情况下,应该迅速寻找能够承担伤者身体重量的支撑平板,将伤者平移到支撑平板上方,再移动伤者。

(3)检查伤病员生命体征,并为其做相应的急救处理。检查伤病员呼吸、心跳、脉搏、出血、外伤等情况,并针对性地采取以下急救措施。

①呼吸心跳停止：对呼吸困难、窒息和心跳停止的伤病员，迅速将其头抬高到后仰位、托起下颌、使其呼吸道畅通，同时施行人工呼吸、胸外心脏按压等复苏操作，实施原地抢救[①]。

②出血：迅速止血，给予适当的包扎（止血带止血包扎、加压包扎、指压止血等），以伤病员防失血过多。但止血过程中，应每隔1小时放松1刻钟，防止肢体因长时间结扎而造成远端肢体缺血坏死。

③外伤：如有腹腔脏器脱出或颅脑组织膨出，可用干净毛巾、软布料或搪瓷碗等加以保护；有骨折者用木板等临时固定。神志不清者，未明了病因前，注意其心跳、呼吸、两侧瞳孔大小；发现有舌后坠者，应迅速请医生将其舌头拉出或用别针穿刺固定在口外，防止窒息[②]。

在不确定的情形下，暂不要给伤病员进食和喝任何饮料。禁止领队将自己的药品给伤病员服用。

（4）救援现场要听从统一指挥，撤离伤病员并及时送往医院。若只有领队和伤病员两人时，不要单独留下伤病员；重大事故、灾害和危害公共安全的紧急情况发生时，领队或地陪要向政府、卫生、防疫、公安、新闻媒体等部门报告。

【技能拓展】

国际救援组织

国际救援组织联盟是一个专门为商务休闲游客、涉外工人和跨国公司提供全球范围的医疗、旅行援助的单个救援公司的全球性联盟。国际救援组织联盟拥有专业的技术和资源，服务范围超过200个国家，使其区别于其他的救援服务提供者，每个成员公司带来地方特色的知识和资源，使国际救援组织联盟真正具备全球化特征，确保以其丰富的经验为客户提供最为优质和经济的服务。

国际SOS是世界领先的、提供医疗救援、国际医疗保健服务、安全服务和外包服务的机构。在全球范围内拥有26个报警中心，28家国际诊所和170多个边远地区安全和医疗设施，为不同行业的客户和会员提供服务。集团客户已达7700余家，包括了财富100强的82%和财富500强的63%。5000多名员工分布在全世界70多个国家，其中有35%是医疗专业人员[③]。

[①] 王健民.出境旅游领队实务［M］.北京：旅游教育出版社，2013.
[②] 同①。
[③] 百度百科，http://baike.baidu.com/item/国际救援组织.

【思考与练习】

1. 设想一种游客患病的情形,作为领队应该怎么做?
2. 设想带团过程中突发的一类紧急情况,作为领队应该如何应对?

任务七　特殊事故的处理

领队带团在境外旅游的过程中,经常会遇到很多特殊事故,如证件丢失、游客财产、人身安全受到威胁等情况,遇到这类情况时,首先不能慌张,要做到态度积极、头脑冷静、行动迅速,尽力将游客的损失降到最低限度。

证件是可以证明个人国籍、社会关系、财产状况的有效证明材料。在国外旅行过程中,用到最多的证件便是护照,护照不仅可以证明持有者国籍信息,还可以在国外遇到麻烦和危险时,凭借护照到本国驻外使领馆寻求保护和帮助,同时持有者还可以凭借护照申请回国。在任务七中,将着重讨论中国游客在境外旅行过程中护照丢失的相关问题。

任务描述

领队小朱带领一个山西旅行团在澳大利亚旅行,按照旅行社的要求,到达澳大利亚后,所有游客的护照由领队统一保管。在乘坐飞机的途中小朱多次强调、提醒游客保管好随身携带的证件和贵重物品,到达澳大利亚后上交护照。但是,当旅行团到达澳大利亚后,地陪接到旅行团就直接去了酒店,在办理入住时,团员老张跟小朱说,自己的护照不见了,可能是在悉尼国际机场遗失的。随后,小朱向悉尼机场相关负责人员沟通联系,请求帮助寻找老张的护照,小朱也连夜赶到机场协助机场工作人员一同寻找,最终还是没能找到老张的护照。请问领队小朱接下来应该如何处理?

任务分析

遇到游客证件丢失的情况,此时,领队应当先请游客冷静并慢慢回忆最后一次使用证件是什么时候、什么情景,用完之后放在哪里等细节信息。在领队了解了游客丢失证件的详细情况后,尽量帮助寻找。在确认丢失后,领队和地陪要及时上报国内组团社和当地地接社。根据旅行社安排,协助游客向有关部门报失,并办理相关手续,补办必要证件。

完成任务

(1) 领队在未有证件遗失情形发生之前,应尽提醒、告知义务,防患于未然。
(2) 学会游客证件遗失的相关处理办法、流程。

（3）学生可以分成不同的小组进行熟悉补办不同类型证件的业务流程练习，相互评价任务的完成情况。

（4）教师通过学生完成的任务进行综合考评。

方法与步骤

游客出门在外，最大的问题莫过于安全问题。游客安全问题可归结为证件、财产和人身安全三大类。在境外游览期间，无论哪一项出现了安全状况，都会给游客本人及家人、领队、地陪、全体团员、相关工作人员带来或多或少的影响。因此，在境外旅行的过程中，领队和地陪有义务提醒游客保管好随身携带的证件、行李，同时照顾好自己和家人的人身、财产安全，实现"欢乐旅行，平安回家"的美好愿望。

1. 在证件遗失情形发生之前，领队应尽提醒、告知义务，防患于未然

领队在工作中会遇到很多不可预知的情况突然发生，应对这些情况最有效的办法便是防患于未然。因此，领队在日程行程中要多做提醒工作。

（1）在交通站点、景区提醒游客，人员众多、人流量大，注意保管随身物品和证件。

（2）在离开餐厅、酒店时，提醒游客带好随身行李物品，检查是否带齐个人证件和贵重物品。

（3）游览大巴上不要放过于贵重的物品，证件、财务随身带。

在领队尽到告知义务后，仍有游客发生遗失事件时，领队有责任帮助失主寻找丢失的证件、物品，如果未能找到丢失的证件和物品，领队、地陪一方面要向各自所在旅行社汇报这一情况，另一方面应该协助失主向有关部门报失，并办理相关手续，补办必要证件。

2. 中国公民在境外旅游时丢失证件的处理办法

（1）丢失港澳通行证。失主持当地接待社的证明向遗失地的基层公安部门报失，经查实后由公安机关的出境管理部门签发一次性有效的中华人民共和国出境通行证[1]。

（2）丢失大陆居民往来台湾通行证。失主向遗失地的中国旅行社或户口管理部门报失，核实后发给一次性有效的出入境通行证[2]。

（3）丢失护照。①请地陪协助在接待社开具遗失证明，在持遗失证明到当地警察机构报案，取得公安机关的报案证明；②持报案证明和失主照片及有关护照资料到我国驻该国使、领馆办理新护照；③新护照领到后，携带必备的材料和证明到所在国移民局办理新签证[3]。

---

[1] 云南省旅游发展委员会. 导游业务知识[M]. 昆明：云南大学出版社，2017.
[2] 同①.
[3] 同①.

【知识链接】

交通·寄存·现金

近年来，中国游客在国外遭遇车祸的悲剧时有发生。2003年，一名年仅20岁的中国女孩，到新西兰留学刚两星期，就被汽车撞死在马路上，因为她还不了解当地交通规则。许多国家，像英国、马来西亚、新西兰、澳大利亚、南非、新加坡等，机动车执行的是右舵驾驶习惯，车辆均靠左行驶，这与中国的习惯刚好相反。行人穿越马路时，注意来车方向的先后也与中国相反，中国游客在这些国家穿越马路时，要特别小心。

一、贵重物品一定寄存

绝大多数中国游客住店时，不习惯将贵重物品或大量现金寄存在酒店保险箱内，这在出境游里是大忌。国外饭店大都有这样的规定：贵重物品如果在房间里丢失，饭店概不赔偿。国外小偷对中国游客下手最多的三个地点是：机场车站、僻静处和饭店。

二、逛街少带现金

中国人出游身上爱带大量现金，世界各地小偷都有这个印象，中国游客也成了他们青睐的下手对象。还有报道说，纽约肯尼迪机场、法国戴高乐机场等附近，有一些小偷专门守候中国游客，对其他国家客人视而不见。避免受损的办法是少带现金，多用信用卡。目前，中国银行在伦敦、纽约等大城市都设有分行。英国汇丰银行、美国花旗银行在中国国内也有多家分行。游客可向这些银行咨询，跨国间转账只需少量手续费。

三、20美元保命钱

需要强调的是，在国外单独上街，身上带的钱不能多，但也不能一分钱都不带。国外小偷们对中国游客口袋内现金数量的期望值都较高，一分钱不带，他们极度失望之余，说不定会进行人身攻击。在美国一些治安不好的城市，为保安全，无论如何，身上也要带上20美元保命钱。

四、其他安全事项

拿一张饭店卡片：到语言不通的国家旅行，一到饭店，先在总台拿一张饭店卡片。卡片上通常有饭店地址、电话等，迷路时给司机看，这事虽小，但能保证出行顺利。

带些必备药品：一旦身体不适，身边的小药就能救大急。需要提醒的是，新西兰政府对入境旅客携带药品的种类和数量有严格规定，并要求向海关申报，否则可能被没收或罚款，严重者将会被判入狱。一些感冒药中含"安非他明"，此物质可用于制造毒品，为新西兰警方稽查重点。

行李写上英文名字：这样即使丢失后，也方便机场人员寻找，一旦丢失，尽快找工作人员帮忙，拿行李牌及机票到失物招领处登记。

【技能拓展】

出国游风险提醒[①]

游客出行前，最好先登录中华人民共和国外交部网站，在该网站的"领事服务"一栏里，有外交部最新发布的"出国特别提醒"，内容包括各旅游目的地国家的治安、疫情介绍；游客遇到突发情况下的应急办法等。除此之外，还有目的地国家的景点介绍、风俗禁忌、签证介绍、我国驻各国使领馆联系方法等，认真读读，有备而行。

随着出境游越来越热，中国公民国外遭侵犯事件增多。2012年6月29日，外交部领事司司长罗田广做客央视《新闻会客厅》，提醒中国公民：以色列、伊拉克、阿富汗、巴基斯坦等地目前冲突不断，属于高危险和高风险地带；东南亚、俄罗斯则抢劫频发；欧洲小偷多；中东、非洲地区劳务纠纷多。

1. 马来西亚：小心飞车党抢劫

近年来，马来西亚频发摩托车匪抢夺行人手提包、金项链案件。据马警方公布：2012年1—4月，共发生飞车抢夺案件4598起（外国人受害案434人），其中，恶意伤人或致死的恶性案件呈上升趋势。马警方近期开展了为期三个月的"蟒蛇行动"，专项打击飞车党。游客在马来西亚逛街时，最好远离车行道；身上不要放大量现金；身份证件也要分开放。

2. 比利时：小心迷魂饼干

比利时警方介绍，2003年以来，一些不法分子在首都布鲁塞尔大广场附近，诱使外国游客服用迷魂饼干，当事人食用后即神志不清，甚至丧失知觉，不法分子趁机将钱物洗劫一空。不法分子经常以中国公民为作案对象，且屡屡得手。

3. 奥地利：小偷冒充警察行窃

2003年以来，奥地利首都维也纳发生多起中国人被骗被抢事件。犯罪分子经常冒充成便衣警察，利用中国游客语言不通、人地生疏等弱点，以各种理由接近，并要求检查证件和钱包，在佯装检查时趁机行窃。游客尽量不要单身外出，遇到警察要求检查证件钱包时，先要对方出示证件。

4. 泰国：当心南部暴力冲突

外交部领事司近期提醒游客，泰国南部边境的也拉、北大年和宋卡府部分地区，2012年上半年发生严重警匪暴力冲突，造成多人伤亡。虽然还没有中国公民在这些冲突中受伤的报道，但中国公民前往上述地区旅游时要注意安全。

5. 俄罗斯：小心列车大盗

俄罗斯治安情况不是很好，针对中国人的街头偷盗、抢劫案件比较多。特别是莫斯

[①] 出国旅游风险手册，http://www1.nihaowang.com/news/news-1039.html.

科—圣彼得堡一线列车上，针对中国公民的盗抢案件更是频发。列车大盗的主要作案手段有：冒充警察等执法人员，以检查护照、身份证或稽查毒品为由，在僻静处对乘客实施抢劫；在较僻静的列车车厢、洗手间等处抢劫单身游客；在游客上、下车摆放或收拾行李时，趁乱盗窃；夜间休息时，用药物将游客迷昏后，进入包厢实施盗窃。建议游客往返莫斯科—圣彼得堡线时，尽量坐飞机。

6. 法国：巴黎小偷较多

巴黎偷盗抢劫现象十分猖獗，少数不法分子专门在机场、火车站等公共场所伺机抢劫，我国公民因常随身携带现金而成为巴黎小偷最爱下手的目标。

7. 拉美国家：小心被抢

中国游客在拉美各国被偷被抢的比例也较高。2004年3月29日，一批中国游客途经秘鲁时，遭到持枪歹徒抢劫，护照、机票和贵重物品被洗劫一空。

8. 美国：机场小偷专偷行李

为加强飞行安全，今年初，美国政府开始建议乘客不要对托运的行李上锁，以方便安检人员检查。但此举为小偷大开方便之门。更严重的是，一些已被抓到的"黑手"竟然是机场安检人员。有鉴于此，游客不要将贵重物品夹杂在托运行李中。

9. 缅甸：不要抽陌生人的香烟

缅甸是毒品主产地之一。到缅甸旅游，不要抽陌生人给的香烟，也不要在机场随便让别人帮忙提东西。

10. 越南：警惕色情拉客

越南乞丐比较多，游客易受乞丐纠缠，建议不要施舍，以免被混在乞丐群中的扒手盯上。在越南旅游，男游客会遇到街头色情拉客——千万不要去，以免被背后的不法集团侵扰。另外，各景区内流动小贩较多，不要轻易招惹他们。

11. 其他国家

巴布亚新几内亚、柬埔寨、斐济、南非、白俄罗斯、西班牙（尤以马德里、巴塞罗那为最）、蒙古、芬兰等国家，针对中国游客的偷盗抢劫案件也时有发生，游客出游，小心钱包。

【思考与练习】

1. 领队在遇到游客证件、财产、人身安全受到损害时，应该分别采取哪些应对措施？

2. 学生分组模拟游客证件遗失后，领队的工作职责和范围有哪些？

项目六

回国后的后续工作

　　领队在完成了行程单所规定的旅游项目后，并未真正结束整个带团工作。在下团之后，领队应该及时地与委派旅行社进行汇报、交接、总结等工作。此外，还应与游客保持联系，切不可把导游工作看作单纯的"迎来送往"，应该利用现代先进通信手段保持与目标客人的联系，提高旅游者的品牌忠诚度，提升领队工作的深度和广度。

　　旅游者无论以休闲度假、体验参与、自我提升为目的，还是以逃避转移、炫耀性消费为目的，无不体现出小众的个性化旅游需求趋势。也正因如此，提供私人定制旅游服务[①]将成为领队职业生涯的升级和拓展的趋势，加之原国家旅游局对导游执业的试点工作逐步展开，将为领队提供私人定制旅游服务提供政策上的保障。

【学习目标】

● 学会下团后与旅行社计调汇报团上的情况、填写导游报账单并与财务部门进行财务交接工作；

● 学会自我总结，根据此次带团过程中的经验、教训进行总结、反思、梳理、调整，为下次接团做好身心上的准备；

● 学会处理旅游投诉；

● 学会利用现代化通信手段与目标客户保持联系，积累领队生涯的人脉；

● 了解并实践伴随个性化需求而兴起的私人定制旅游服务，这将成为领队职业生涯升级与拓展的有效路径。

---

① 私人定制旅游服务是现在国外非常流行的旅游方式，根据旅游者的需求，以旅游者为主导进行旅游行动流程的设计，即高端旅行策划机构根据客户的特定需求，从路线、方式和服务着手为客户量身打造的具有浓郁个人专属风格的旅行，它提供的是一种个性化、专属化、"一对一"式的高品质服务。

任务一　与旅行社进行报账、汇报等交接工作

旅游接待过程中，领队如果只按照行程单上面规定的项目走完行程，未能及时到旅行社进行汇报和报账，那整个带团工作未免有些"虎头蛇尾"。领队在入境回国散团后应该及时回到所属旅行社汇报工作、财务报账、处理遗留问题，以期完毕相关带团程序，确保该团后续其他工作环节能够顺利进行，如计调审查该团信息、财务做账等。

任务描述

导游人员小刘结束了一个北京旅游团赴日本 5 晚 6 天的行程后，未及时回到所属旅行社完成汇报、报账等交接工作。下团 3 天后，小刘正和朋友在逛街，突然电话手机响了，一看是旅行社计调人员打来的电话："小刘，你好，你 3 天前下的那个日本团，走行程的过程中有没有什么问题？请麻烦你尽快来旅行社汇报工作和报账吧。"小刘在日本团行程结束后，由于身体疲惫想休息一阵子并且之后暂时没有其他团队的上团安排，于是便拖延了几天，没有及时回旅行社汇报和报账，耽误了计调、财务等部门对该团的审核、对账等相关工作进度，感觉很愧疚，于是马上回家拿了报销单据到旅行社报账。请问小刘正确的做法是什么？

任务分析

现行的《导游人员管理条例》规定：导游人员从事导游活动必须接受旅行社委派。所以在结束行程后，领队需及时回到旅行社，向旅行社计调汇报整个带团过程中客人吃、住、行、游、购、娱的情况，以及与地接社合作、客人反馈等一系列信息，让旅行社对一线领队服务工作中的真实情况能够确切地把握并进行跟进和弥补。

此外，领队带团过程的背后，牵连着旅行社各个部门及各部门同事的工作进程。例如，计调部门，计调在领队出团前制作行程单和采购旅游产品及路线；在领队下团后，计调又将根据领队带团汇报，与相关旅游接待单位进行沟通协调。再如，财务部门，财务结算本着"单团单结"的工作原则，领队未能及时报账，有可能拖滞住财务部门的工作进程。所以领队下团后及时报账，有利于旅行社各部门之间高效配合。

完成任务

（1）领队下团后应及时回到旅行社向计调汇报工作，以便旅行社了解前方市场动态。
（2）填写导游报账单，导游报账单涉及的内容广、条目细，应注意其中日期对应、

金额填写、票据证明等步骤的操作，避免因粗心大意而造成错填、漏报事件的发生。

（3）学生可以分成不同的小组进行模拟领队工作汇报、财务报账的相关练习，相互评价任务的完成情况。

（4）教师通过学生完成的任务进行综合考评。

方法与步骤

1. 领队下团后应及时回旅行社汇报工作

一般情况下，领队在结束行程后应尽快回到旅行社，向该团计调汇报此次行程的整体情况。如有紧急情况也可以打电话，先与计调取得联系，尽快解决问题。

2. 完成领队日志

通过领队日志的书面呈现，旅行社可对境外旅游业状况、服务质量高地、旅游接待能力和硬件设施有所把握，由此可采取必要的调控、应对措施。领队日志应包括：①游客所反馈的意见和建议；②境外地接社的接待能力、所采集路线的合理程度；③境外地接导游的服务意识、服务态度、服务水平、服务效果及合作情况；④行程单具体落实情况及问题；⑤自我总结及站在领队角度给旅行社的建议。

3. 领队的报账工作

回到旅行社，领队向该团计调汇报完毕后，便向财务部领取导游报账单，认真填写导游报账单并附上证明票据，然后送交财务部相关负责人员。

4. 导游报账单的填写

导游报账单是旅行社财务部门进行成本核算的依据，因此领队在填写导游报账单的时候应该如实认真的填写行程中领队责任范围内所产生的一切费用以及收益情况（见表6-1）。

（1）基本信息的填写：团名团号、人数、客源地、使用语言、领队姓名及电话号码等。

（2）旅游团房、餐、车、门票情况。对应旅行团外出旅行的日期，准确填写以下信息：①用房数量（×单间、×标间、×三人间、有无签单）；②用车情况及费用（所用车的车牌号、车费、司机收条等）；③用餐数量及金额（×正餐、×早餐、×小孩半餐、有无退餐证明、有无签单）；④门票情况（×全票、×优惠票、证件减免优惠情况、有无签单）。

（3）旅游团加点、购物情况。①加点情况：歌舞表演、其他加点、水果加餐等信息；②购物情况：购物店名称、购物金额等。

（4）总计与导游结算：总支出费用（现付金额×、签单金额×）；导游结算（导游应收×）。

（5）备注：特殊情况说明。

表 6-1　导游报账单

团号		人数		导游		用房数		票	
日期	酒店	房费	餐费 中	低	门票		加点及其他费用		
							歌舞表演：		
							其他加点：		
							水果加餐：		
							预付车费：		
小计	现付：	签单：	现付：	签单：	现付：	签单：	现付：	签单：	
总支出	_____元　〈其中：现付：_____元；　签单：_____元〉								
导游结算	计调费：				收小费：		现收合计：　　　元		
	结算：应补导游_____元						导游签字：		
报价									
购物	境外：					境内：			
账务往来	合计总成本：						成本核算人：		

5. 移交相关证件和物品

带团前旅行社派发的相关证件或物品应该及时归还旅行社。

【知识链接】

领队与旅行社同行相处

领队工作是一个与人打交道的工作，这不仅仅要求领队和客人相处得好，更要求领队和旅行社同行相处融洽。与旅行社同行相处是一门学问，只有学会和旅行社同行相处，领队才能协调和组织好旅途各环节的工作，更优质、高效地为客人服务、为旅行社服务、为自己服务。

领队是旅行社的一线工作人员，领队的背后还有旅行社销售、采购、后勤等同行的大力支持与协作。为做好旅游接待工作，领队必须与旅行社产品设计人员、计调人员、服务监督人员、财务人员、后勤人员通力配合，相互尊重、相互沟通、相互支持。以计调人员为例，从领队领取行程单之前，计调就开始策划整个团队的组团、产品采购、与境内外旅行社沟通等一系列前期工作；在领队带团过程中，领队遇到任何困难，第一时间与计调联系，取得计调的授权和帮助；领队带团归来，向计调汇报团队整体情况离开后，计调仍然在为该团的结算、沟通、评估等工作而忙碌。因此，领队和旅行社同行间应建立相互尊重、支持和理解的工作原则，培养良好的合作关系。

此外，领队在工作中也应该有合作精神，与当地地接导游、定点导游、景区导游、司机、旅游接待单位工作人员沟通信息、相互尊重，最终圆满完成旅游接待任务。

《导游领队引导文明旅游规范》相关条款

7 总结反馈

7.1 旅游行程全部结束后，导游领队向旅行社递交的带团报告或团队日志中，宜有总结和反馈文明旅游引导工作的内容，以便积累经验并在导游领队人员中进行培训、分享。

7.2 旅游行程结束后，导游领队宜与旅游者继续保持友好交流、并妥善处理遗留问题。

7.3 对旅游过程中严重违背社会公德、违反法律规范，影响恶劣，后果严重的旅游者，导游领队人员应将相关情况向旅行社进行汇报，并通过旅行社将该旅游者的不文明行为向旅游管理部门报告，经旅游管理部门核实后，纳入旅游者不文明旅游记录。

7.4 旅行社、导游行业组织等机构应做好导游领队引导文明旅游的宣传培训和教育工作。

【技能拓展】

领队的自我修养——领队的情绪修复和心态调整

一次次带团出境和一次次入境散团，领队的工作都事无巨细，他们扮演着国外行程的引路人、国内旅客的协调员、安全保障的监督者、旅游产品的宣传员等多重角色。领队的工作原则需要他们积极主动、因势利导、实事求是、保守秘密、不卑不亢、求同存异，他们举手投足之间展示着旅游大使的气质和身影。在这样高强度的身心压力下，领队保持良好的情绪和心态是工作和生活良性运行的保障。但事实却并非如此，在现实生活中，领队情绪修复、心态调整环节却很容易被外界和自身所忽视，因此，这里着重讨论领队情绪修复、心态调整问题。

1. 领队情绪的修复

情绪是由客观事物引起的主观体验。领队在带团过程中，常常因意外情况的发生而导致自己情绪的变化，表现为不安、焦虑等心理感受。领队要学会修复和控制自己的不良情绪，用乐观、开朗的情绪圆满地完成工作。常用的情绪修复方法有如下3种：

（1）转移注意。领队在不良情绪发生时，应尽快迫使自己把注意力移到其他事物上并辅以深呼吸，平缓自己的情绪。这在较短时间内可以减轻不良情绪对自身造成的持续伤害。

（2）自我安慰。自我安慰就是自己安慰自己。领队出门在外，工作中虽然有同行协作，但是在内心深处仍觉得孤独，在遇到不良情绪时，领队就需要对自己进行心理暗示或心理慰藉，以修复不良情绪。

（3）排除刺激。领队的工作，需要他们眼观六路、耳听八方，但是有很多信息是领队不想要、也不需要接受的，无关信息会影响他们的内心和外界的平衡状态，使人陷入一种焦灼的状态。排除客观刺激物对情绪的影响，是情绪修复的有效途径。

2. 领队心态的调整

心态，即心理状态，是个体在一定情境下各种心理活动的复合表现。积极的心态能使人热情高涨、效率提高；反之，消极的心态使人痛苦沮丧、效率低下。领队工作中想要如何保持良好的心态，可以从以下3方面入手。

（1）领队在带团前，应该调整好心态，排除无关干扰，使自己身体里的每一个细胞都调整到带团状态。同时，给予自己掌控团队行程中各环节的积极心理暗示和心理准备。

（2）领队在带团工作中，应控制好自己的心态，无论顺境还是逆境都不能受情绪的控制而喜形于色，应当沉着冷静，保持良好的心态和工作状态。

（3）领队在带团结束后，应及时进行自我反思，曾子曰："吾日三省吾身"。对自己带团行为的反思能够客观地认识自己的行为，也能反观和调整自己的内心世界，从而调整领队的心态。

【思考与练习】

1. 领队在下团后，去旅行社报账前，所需携带的物品、证件和单据有哪些？
2. 领队与旅行社同行相处的具体细节和自我定位。
3. 学生模拟领队下团后回到旅行社与计调、财务之间交流的场景。

任务二　处理投诉、与客人保持联系

领队去旅行社完毕带团手续以后，还应与团队里的客人保持长期联系。这是必要和必须的，无论是从消极面来看：处理客人投诉，安抚客人，减少双方经济和精神损失；还是从积极面来看：与客人保持长期稳定的联系，赢得客人信任，成为最值得客人信赖的出行顾问，只有领队服务不断完善与游客沟通交流的技巧，才能使领队工作朝着更高更远目标前进。

任务描述

领队小丁在泰国普吉海岛游的行程过程中，因地接社刻意压缩客人自由活动的时间，与合同描述大不相同，导致客人的不满。领队小丁认为客人不满意的原因是客人与旅行社之间的事，与自己无关，便采取了不管不问的态度，并以工作繁杂为由逃避客人的抱怨和指责。在境外，客人的不满情绪未能得到安抚，回国下团后，小丁收到了旅行社计调打来的电话："小丁，你什么时候回旅行社？你的那个泰国普吉团被投诉了，你快回社里处理一下吧。"

任务分析

客人选择付费参团的形式参与旅行社提供的产品服务时，便产生了对旅行社的信赖以及对整个行程安排的期待。当客人踏上了由领队带领出发的境外旅程时，往往由于旅行社诉求和游客诉求的冲突，会导致游客对旅行社行程安排不满的情形发生。双方诉求冲突的原因通常来说有两方面：一方面，旅行社为了节约经营成本，减少旅游时间或是降低旅游接待质量；另一方面，在领队带团过程中，还会遇到易挑剔、爱抱怨、善指责的客人，他们会无中生有或借题发挥，针对行程中各个环节和相关人员横加指责，甚至是挑衅，更有甚者以旅游投诉相威胁。

客人与领队之间的直接冲突较少，多数情况下是由于客人对旅行社行程安排不满所致。作为旅行社代表的领队理应承揽旅行社应有的责任，因而，当客人不满情绪蔓延时，领队应科学合理地处理客人和旅行社或与领队自身之间的矛盾，并及时上报旅行社当团计调，努力维护各方利益，切忌一推了之、不管不问、不上报，任由消极事态的蔓延。

完成任务

（1）在行程过程中，如客人有不满情绪发生，领队应该及时处理，依照事态的严重程度，领队可采取自己解决、寻求旅行社同行、旅游从业人员协同解决、报告国内旅行社并按旅行社旨意解决几种办法。同时还要尽量安抚客人情绪，解决好突发事件，争取顺利完成旅行任务。

（2）领队在下团后，如遇客人投诉，则应该及时回到旅行社，查明客人投诉的原因，冷静、沉着、保持头脑清醒地分析投诉事件并与旅行社协调解决投诉事宜，挽回自己及旅行社在名誉和经济上的损失。

（3）学生可以分成不同的小组进行熟悉处理投诉事宜的练习、相互评价任务的完成情况。

（4）教师通过学生完成的任务进行综合考评。

👉 方法与步骤

游客投诉的原因往往集中于旅游质量、从业者服务、外界突发因素、违反国际惯例等方面。而游客投诉的心理主要有：①求尊重；②找发泄；③求补偿。只有领队了解了游客投诉的原因、投诉的具体心理诉求，才能有理有节、合情合法且有针对性地配合旅行社及相关部门处理好旅游投诉。

领队遇到游客投诉时，应及时处理，切不可置之不理，听之任之。按时间节点来分，投诉可分为行程过程中投诉和下团后投诉两类；按形式来分，投诉可分为口头投诉和书面投诉两种形式。本章节仅讨论行程过程中遇到投诉时，领队的处理步骤和原则，下团后的投诉情形也可参照执行。

（1）认真倾听游客倾诉，让游客发泄心中怨气。大部分游客投诉时的心理状态是寻求尊重、发泄"怨气"、倾诉不满和求得精神及经济上的补偿。在投诉者陈述投诉原委的过程中，常常伴随情绪激动、言辞过激或无正当理由等行为，此时领队要耐心倾听并适时地安慰投诉者，控制好自我情绪，切不可立即否认、辩解甚至与投诉者争论不休。

（2）代表旅行社向游客表示真挚的歉意。在投诉者情绪激动时，如果领队先用大道理来试图说服客人，有可能会事倍功半，起不到良好的效果。此时，领队应该摆出旅行社高素质从业者的姿态，主动向投诉者道歉、化解矛盾、安抚投诉者，这样可以起到以柔克刚、事半功倍的效果

（3）迅速分析游客投诉原因，给投诉定性。领队耐心地倾听完投诉者投诉原委后，应该迅速分析、判断投诉者的投诉心理及投诉原因以及投诉所涉及的各环节，先初步判定投诉的性质，分为合理投诉和不合理投诉。如果是合理投诉，则需要根据投诉的级别，尽快处理和上报；如果是因为行程过程中，未能满足个别游客不合理诉求而提出的投诉，领队应该指出其投诉的不合理之处，并向其耐心地解释说明。

（4）善于做好沟通说服、劝慰、调解工作，尽量弥补各方损失。在游客诉说了投诉原委之后，领队应该上报旅行社并设法与有关部门商定弥补方案，或对服务缺陷进行弥补，或对服务内容进行替换，或进行经济赔偿，并将方案告知投诉者，力求挽回影响，最大限度地消除旅游者的顾虑和不快[①]。

（5）向游客表示谢意，继续做好服务工作。游客欣然接受投诉处理后，领队应向游客的理解和支持表示由衷的感谢。在之后的行程中，领队应该一如既往地服务好全体游客，杜绝因个人情感上的不平衡，导致服务质量的下降。

---

① 云南省旅游局发展委员会.导游业务知识［M］.昆明：云南大学出版社，2017.

【知识链接】

一、关于旅游投诉的几个概念

（1）旅游投诉：根据《旅游投诉处理办法》规定，旅游者认为旅游经营者损害其合法权益，请求旅游行政管理部门、旅游质量监督管理机构或者旅游执法机构，对双方发生的民事争议进行处理的行为[1]。

（2）旅游投诉者：认为旅游经营者损害其合法权益，请求旅游投诉处理机构对双方发生的民事争议进行处理以维护其合法权益因而使投诉成立的人。具体包括：合同纠纷中发生争议的合同关系的当事人；侵权纠纷中因旅游经营者侵权行为致使人身、财产受到损失的当事人；不可抗力、意外事故致使合同不能全部履行或者不能完全履行而发生争议的当事人[2]。

（3）旅游被投诉者：与旅游投诉者相对应的一方当事人，被控损害旅游投诉者权益，需要追究民事责任，并经旅游投诉处理机构通知其应诉的人。在旅游投诉中，被投诉者只能是为旅游者提供服务的旅游经营者[3]。

二、旅游投诉者和被投诉者的权利

1. 旅游投诉者的主要权利

（1）知情权：了解投诉处理进展及结果的权利。

（2）调解权：请求调解的权利。

（3）和解权：与被投诉者和解的权利。

（4）申请仲裁权：调解不成，有权依法申请仲裁、提起诉讼。

2. 旅游被投诉者的主要权利

（1）知情权：了解投诉处理进展及结果的权利。

（2）和解权：与投诉者自行和解的权利。

（3）申辩权：依据事实，有申辩反驳投诉请求的权利。

三、旅游投诉者和被投诉者的义务

1. 旅游投诉者应履行的主要义务

（1）旅游投诉者的投诉范围应属于旅游投诉处理机构职责范围或者管辖范围内，并且应在旅游合同结束之日90天内提出投诉请求。

（2）《旅游投诉处理办法》第十条规定：投诉人与投诉事项有直接利害关系；有明确的被投诉人、具体的投诉请求、事实和理由。

（3）《旅游投诉处理办法》第十九条规定：投诉人和被投诉人应当对自己的投诉或

---

[1] 中国政府公开信息整合服务平台. 国家旅游局投诉处理办法［EB/OL］. http：//govinfo.nlc.gov.cn/hebsfz/xxgk/hssrmzf/201301/t20130110_3300869.shtml?classid=401.

[2] 全国导游人员资格考试统编教材专家编写组. 政策与法律法规［M］. 北京：中国旅游出版社，2016.

[3] 同[1]。

者答辩提供证据。

2. 旅游被投诉者应履行的主要义务

（1）《旅游投诉处理办法》第十八条规定：被投诉人应当在接到通知之日起10日内做出书面答复，提出答辩的事实、理由和证据。

（2）《旅游投诉处理办法》第十九条规定：投诉人和被投诉人应当对自己的投诉或者答辩提供证据。

【技能拓展】

领队与游客建立长期联系的参考因素

1. 领队是专才和通才的集合体

领队既需掌握博古通今方方面面的知识，还应针对出团地区深入细致地了解当地的人文风物、美食特产、宗教禁忌等专项知识；既要知道国际惯例等一系列规则，还要懂得每次接触不同旅游同行和游客相处的技巧。

2. 微笑和幽默是领队的优良品质

保持微笑、诙谐幽默是领队职业化的要求，也是领队打动客人的名片。领队发自内心的微笑是拉近游客与自己距离、展示自身美好心灵并保持自身吸引力的有力武器；轻松、诙谐、幽默的语言不仅给游客带来无限欢乐还可以给游客以深刻的印象，在日后的交往中，游客将会乐于与爱微笑、善幽默的领队保持联系。

3. 领队成为游客的出行顾问

不少专业的领队，用自身的学识和职业素养给游客带来了极佳的旅游体验感，在游客心目中他们便是"旅游大使""出行顾问"。然而，要做到这一点确实不易，首先要学会和游客成为朋友，其次必须用自己对旅游路线的熟悉以及对旅游知识的掌握来征服游客，最后还要用贴心周到的服务打动游客。只有这样，游客在每次出行前，才会选择咨询和征求领队的意见和建议。

【思考与练习】

1. 预想自己是领队，在遇到投诉时的心理状态以及该如何调整自己的情绪。

2. 把身边的朋友、同学当作游客，做他们的出行顾问，尝试向他们提供至少一条你自己认为较满意的旅游路线并告知旅游细节。

任务三　领队职业生涯的升级和拓展

私人定制旅游是国外非常流行的旅游方式，是根据旅游者的需求，以旅游者为主导进行旅游行动流程的设计。即高端旅行策划机构根据客户的特定需求，从路线、方式和服务着手为客户量身打造的具有浓郁个人专属风格的旅行，它提供的是一种个性化、专属化、"一对一"式的高品质服务[1]。这与市面上已经成形的旅游模式不同，已经成形的旅游模式是驱逐游客个性化需求并以共性化、模式化来设定操作流程的旅游服务项目，它很少因游客的兴趣、需求和层次而细分。常规的旅游模式能满足大部分游客的需求，但是对于那些追求"新、奇、险"，想要深入体验的游客来说，却不能满足他们的个人偏好。

提供私人定制旅游服务是领队职业生涯升级和拓展的路径之一，领队在积累了一定工作经验和知识储备后，可尝试在有私人定制需求的区域内，根据自己的兴趣爱好，发挥所长带领和引导私人定制的游客体验全新的定制体验。

任务描述

小刘是一个带团多年、经验丰富的国际领队，由于自己非常热衷于自驾车旅游，并且有升级和拓展领队职业生涯的目标和想法，于是现在小刘开始逐渐承揽自驾车旅游的私人定制业务。与此同时，目前市面上的私人定制旅游服务主要有以下几类：特殊体验定制、游学定制、高端定制等。

任务分析

私人定制旅游是一种个性化和非程序化并以个人兴趣爱好为出发点的深度体验式旅游。在众多私人定制旅游项目中，自驾车旅游最初起源于20世纪的美国，它主要以汽车为交通工具（其中汽车又可细分为：自带车、房车、到目的地租车等不同形式），后流行于其他发达国家。随着我国有车一族数量的扩大、国内居民收入的提高、闲暇时间的增多等外在条件支持，以及旅游者在自驾车旅游过程中体验驾驶乐趣、灵活安排出行、人员费用均摊等优势的凸显，自驾车旅游渐渐成为私人定制旅游中的新宠。

完成任务

（1）业务升级和拓展后的领队在承揽了游客私人定制旅游服务项目后，应当在签订私人定制旅游合同之前先向游客说明私人定制旅游的几个特性：先导性[2]、专业性[3]、非

---

[1]　360百科. 私人定制旅游［EB/OL］. http://baike.so.com/doc/7543734-7817827.html.
[2]　先导性是指旅游产品的开发往往遵循先驱者的发现—私人定制旅游—规划开发—常规旅游这样一条路径。所以私人定制旅游常常具有先导性。
[3]　专业性是指在常规旅游熟悉旅游路线和资源的基础上，对新型私人定制旅游在产品设计、工具技术和组织技巧上的专业性把控。

规范性[1]和非均衡性[2]，并提醒游客在形成过程中预设的风险和自救的措施，在双方达成共识的情况下购买保险、签订合同。

（2）依据私人定制经营者的业务经营范围，业务升级和拓展后的领队应该根据私人定制旅游的特点[3]、旅游对象的特点[4]及旅游者需具备的身体和心理素质要求向旅游者说明，以保证后续私人定制旅游项目的顺利进行。

（3）学生可以分成不同的小组进行熟悉私人定制业务的练习、相互评价任务的完成情况。

（4）教师通过学生完成的任务进行综合考评。

方法与步骤

1. 自驾车旅游对旅行计划的制订、执行和反馈

常规旅游过程中有严格的行程、时间安排，而自驾车旅游中只需要制订出大致的时间安排、景点路线等可行性计划，然后在行程中以领队为自驾车团队的领导和核心，带领自驾车团队圆满顺利地结束私人定制旅游服务，并根据游客的反馈意见不断提高自身的服务接待能力。

2. 自驾车旅游对车辆的要求

（1）车辆的选取。是选择自带车、统一提供房车、还是到目的地租车，应根据自驾游的行程路线状况、人数安排及费用均摊等因素来考虑车辆使用选取的标准。为保障游客安全，必须杜绝一切带病车上路，在出发之前要对选好的车辆进行维修保养，以确保旅途安全性，与此同时还应该考虑车辆的性能和舒适度是否适合长途旅行。

（2）车辆的维修保养。对于要跑长途的车辆来说，应该仔细做好以下车辆的检修保养工作：发动机系统、刹车系统、油路和电路系统、排气系统、转向系统和前后悬挂轮胎状况等。

（3）自驾车旅游时所带车辆证件：行车证、车辆保险购买证明等。

（4）自驾车旅行时所需携带的车辆施救和维修工具：拖车绳、蓄电池连接线、三角停车警告牌、备用轮胎等车辆施救和维修工具。

3. 自驾车旅游对其余设备的要求

救护应急装置（处理外伤所需夹板、绷带、酒精及常用药品）、通信设备（对讲机、GPS 卫星电话）、定位工具（指南针、多功能手表、GPS 定位设备）、野营装备（野营时所需驻扎和野炊装备）、储水设备（建议携带 10 升以上的塑料桶备用）等。

---

[1] 非规范性是相对于常规旅游路线规范性而言的。
[2] 非均衡性是指旅游行业里通常所说的"吃、住、行、游、购、娱"这六要素的非均衡性，包括六要素各自在行程安排中所占比重，还包括六要素中财务方面的非均衡性。
[3] 先导性、专业性、非规范性和非均衡性。
[4] 旅游资源的原生性、奇险性，旅游设施的专业性。

4. 自驾车旅游对个人装备的要求

（1）证件：身份证、护照、驾驶证及有减免证明功能的证件（教师证、学生证、军官证、老年证、残疾证等）。

（2）个人物品及个人常用药等。

【知识链接】

随着私人定制旅游的兴起，人们开始越来越多地考虑到私人定制旅游是否与自身兴趣爱好、身体状况、时间金钱、家庭参与度等因素的契合程度。人们厌倦了都市生活并想要极力脱逃工作给他们带来的烦躁和疲惫，于是私人定制市场开始越来越火爆，以下将介绍特殊体验定制、游学定制、高端定制3种私人定制旅游项目。

一、特殊体验定制项目

1. 徒步探险旅游

徒步探险旅游是一种以步行为主要方式，跨越山岭、丛林、沙漠、雪域、溪流或峡谷等地貌的一种探险旅游活动。在徒步过程中，游客可以欣赏自然风光、了解当地文化、磨炼自身意志、锻炼身体等。

2. 野外露营旅游

野外露营主要以野营、野炊等野外活动为主要内容，通过这些活动使旅游者获得野外生存基本技能以及与自然山川、江河湖海的亲近的机会。

3. 高山探险旅游

高山探险旅游是以高海拔（一般海拔高度超过3000米以上）山地为旅游资源，以探求、观赏高山独特的地形地貌，体验高山自然环境及气候特点，提高自身生理和心理素质为目的的一种旅游形式[1]。

4. 江河漂流旅游

江河漂流旅游是以自然江河为旅游资源，借助无动力的漂浮设施，靠自然力和人力使旅游者从上游特定点抵达下游特定点，并在途中体验惊涛骇浪、观赏两岸风光的一种旅游形式[2]。

5. 潜水旅游

潜水旅游常常利用面镜、呼吸管和脚蹼（以上装备为浮潜装备）或压缩空气瓶、面镜、呼吸管、脚蹼、呼吸器、潜水仪表、气瓶、浮力调整背心和潜水服、潜水刀、水下手电乃至鱼枪等（以上装备为水肺潜水装备）漂浮在水面或潜入水底，通过面镜观看水下景观。

---

[1] 云南省旅游发展委员会．导游业务知识［M］．昆明：云南大学出版社，2006．
[2] 同[1]。

6. 洞穴探秘旅游

洞穴探秘旅游是以天然洞穴为旅游资源，一套专业设备，探察洞穴结构、观赏洞穴独特景观、体验洞穴特点、锻炼自身胆识的一种旅游形式[1]。

二、研学定制项目

研学是一个"行万里路，读万卷书"的过程。春秋战国时期，游学已成一时风气。游学学生到国内外学习、参观、游览，以学和游相结合的方式，利用现代交通的便捷，统筹学员的流动，打破教育资源"板结"的状况，在整个过程中学员"学有所思、学有所获"，获得极大的人生体验和学习收获。在私人定制旅游服务项目中，研学当属旅游业与教育产业的优势结合，旅游产业的"游"和教育产业的"学"相结合，给业务升级和拓展后的领队带来了新的工作前景。

三、高端定制项目

高端定制旅游业务来源于欧洲，英国、法国等国家率先将专属的私人定制作为一种时尚个性化消费方式在本国中产阶级中推广，继而推广到全民阶层[2]。现在国内高端定制旅游市场主推的产品以五大洲加南北两极为主题，在这七大主题中又按照游客需求细分，在保护了游客私密性的同时，最大限度地体现游客的个性化需求。下面是目前市面上关于国际高端定制的几条路线，仅供参考。

①欧洲：英伦风游学/自驾；法国波尔多红酒浪漫之旅；

②亚洲：探寻神秘不丹；迷情以色列；

③北美洲：加拿大赏枫摄影之旅；美国大西部自驾；

④南美洲：秘鲁印加帝国探秘；古巴加勒比海风光；玻利维亚天空之城；

⑤非洲：肯尼亚、坦桑尼亚疯狂动物城/休闲、摄影之旅；

⑥北极：寻北极熊之旅；北极点极光之旅；

⑦南极：南极点帝企鹅之旅。

【技能拓展】

1. 国际领队协会

国际领队协会（The International Association of Tour Managers）最早是由12名欧洲领队发起，成立于1962年，总会设在英国伦敦。国际领队协会最初的成立目的，是以社交俱乐部的形式，为领队提供交换信息、讨论观点、交流经验以及研究领队所遇到的困难的阵地[3]。

2. 国际驾驶执照

---

[1] 云南省旅游发展委员会．导游业务知识[M]．昆明：云南大学出版社，2006.
[2] 百度文库．高端定制旅游．
[3] 王健民．出境旅游领队实务[M]．北京：旅游教育出版社，2013.

国际驾驶执照是在他国拥有该国驾照资格的证明翻译文件,根据联合国陆路交通国际条约(Convention On Road Traffic)授权相关的国际组织签发给已经在该国拥有驾照的驾驶员,其主要目的是为消除司机在国外驾车时,由于各国对驾照有不同要求而遇到的障碍[1]。

国际驾照不是一个驾驶执照。它只是由驾驶员该国的官方机构或经其授权的其他机构根据该国政府所参加的联合国道路交通公约、以公约中规定的标准式样、用英/法/俄/中/阿拉伯/日等多种语言为驾驶员出具的证明该驾驶员持有该国有效驾照的一份证明,其主要用途是帮助其他国家的警察读懂驾驶员的姓名、地址、准驾车型等必要信息[2]。

中国唯一有权为中国驾照持有人签发国际驾照的机构是中国政府有关部门或其授权的机构,但是中国政府没有加入《联合国道路交通公约》[3]。所以持有国际驾照且同时持有中国公安机关车辆管理部门换领中国机动车驾驶证的驾驶员才可在中国境内驾驶机动车。

【思考与练习】

1. 在自驾车旅行前,所需装备的个人常用物品和药品有哪些?在自驾车行程过程中,如果遇到车辆出现状况,该如何处理?

2. 可在书籍、杂志或网络上搜集与私人定制旅游服务相关的更多旅游路线,并把所搜集到的路线尝试归类到特殊体验定制、游学定制、高端定制三类项目中。

---

[1] 国际驾驶执照. 百度百科 [EB/OL]. http://baike.baidu.com/view/629376.htm.
[2] 同[2]。
[3] 同[2]。

附　录

附录1　出境旅游领队人员管理办法

第一条　为了加强对出境旅游领队人员的管理，规范其从业行为，维护出境旅游者的合法权益，促进出境旅游的健康发展，根据《中国公民出国旅游管理办法》和有关规定，制定本办法。

第二条　本办法所称出境旅游领队人员（以下简称"领队人员"），是指依照本办法规定取得出境旅游领队证（以下简称"领队证"），接受具有出境旅游业务经营权的国际旅行社（以下简称"组团社"）的委派，从事出境旅游领队业务的人员。

本办法所称领队业务，是指为出境旅游团提供旅途全程陪同和有关服务；作为组团社的代表，协同境外接待旅行社（以下简称"接待社"）完成旅游计划安排；以及协调处理旅游过程中相关事务等活动。

第三条　申请领队证的人员，应当符合下列条件：

（一）有完全民事行为能力的中华人民共和国公民；

（二）热爱祖国，遵纪守法；

（三）可切实负起领队责任的旅行社人员；

（四）掌握旅游目的地国家或地区的有关情况。

第四条　组团社要负责做好申请领队证人员的资格审查和业务培训。

业务培训的内容包括：思想道德教育；涉外纪律教育；旅游政策法规；旅游目的地国家的基本情况；领队人员的义务与职责。

对已经领取领队证的人员，组团社要继续加强思想教育和业务培训，建立严格的工作制度和管理制度，并认真贯彻执行。

第五条　领队证由组团社向所在地的省级或经授权的地市级以上旅游行政管理部门申领，并提交下列材料：申请领队证人员登记表；组团社出具的胜任领队工作的证明；申请领队证人员业务培训证明。

旅游行政管理部门应当自收到申请材料之日起15个工作日内，对符合条件的申请领队证人员颁发领队证，并予以登记备案。

旅游行政管理部门要根据组团社的正当业务需求合理发放领队证。

第六条 领队证由国家旅游局统一样式并制作，由组团社所在地的省级或经授权的地市级以上旅游行政管理部门发放。

领队证不得伪造、涂改、出借或转让。

领队证的有效期为三年。凡需要在领队证有效期届满后继续从事领队业务的，应当在届满前半年由组团社向旅游行政管理部门申请登记换发领队证。

领队人员遗失领队证的，应当及时报告旅游行政管理部门，并声明作废，然后申请补发；领队证损坏的，应及时申请换发。

被取消领队人员资格的人员，不得再次申请领队登记。

第七条 领队人员从事领队业务，必须经组团社正式委派。

领队人员从事领队业务时，必须佩戴领队证。

未取得领队证的人员，不得从事出境旅游领队业务。

第八条 领队人员应当履行下列职责：

（一）遵守《中国公民出国旅游管理办法》中的有关规定，维护旅游者的合法权益；

（二）协同接待社实施旅游行程计划，协助处理旅游行程中的突发事件、纠纷及其他问题；

（三）为旅游者提供旅游行程服务；

（四）自觉维护国家利益和民族尊严，并提醒旅游者抵制任何有损国家利益和民族尊严的言行。

第九条 违反本办法第四条，对申请领队证人员不进行资格审查或业务培训，或审查不严，或对领队人员、领队业务疏于管理，造成领队人员或领队业务发生问题的，由旅游行政管理部门视情节轻重，分别给予组团社警告、取消申领领队证资格、取消组团社资格等处罚。

第十条 违反本办法第七条第三款规定，未取得领队证从事领队业务的，由旅游行政管理部门责令改正，有违法所得的，没收违法所得，并可处违法所得3倍以下不超过人民币3万元的罚款；没有违法所得的，可处人民币1万元以下罚款。

第十一条 违反本办法第六条第二款和第七条第二款规定，领队人员伪造、涂改、出借或转让领队证，或者在从事领队业务时未佩戴领队证的，由旅游行政管理部门责令改正，处人民币1万元以下的罚款；情节严重的，由旅游行政管理部门暂扣领队证3个月至1年，并不得重新换发领队证。

第十二条 违反本办法第八条第一项规定的，按《中国公民出国旅游管理办法》的有关规定处罚。

第十三条 违反本办法第八条第二、三、四项规定的，由旅游行政管理部门责令改正，并可暂扣领队证3个月至1年；造成重大影响或产生严重后果的，由旅游行政管理部门撤销其领队登记，并不得再次申请领队登记，同时要追究组团社责任。

第十四条 旅游行政管理部门工作人员玩忽职守、滥用职权、徇私舞弊，构成犯罪的，依法追究刑事责任；未构成犯罪的，依法给予行政处分。

第十五条 本办法由国家旅游局负责解释。

第十六条 本办法自发布之日起施行。

附录2　中国公民出国旅游管理办法

第一条　为了规范旅行社组织中国公民出国旅游活动，保障出国旅游者和出国旅游经营者的合法权益，制定本办法。

第二条　出国旅游的目的地国家，由国务院旅游行政部门会同国务院有关部门提出，报国务院批准后，由国务院旅游行政部门公布。任何单位和个人不得组织中国公民到国务院旅游行政部门公布的出国旅游的目的地国家以外的国家旅游；组织中国公民到国务院旅游行政部门公布的出国旅游的目的地国家以外的国家进行涉及体育活动、文化活动等临时性专项旅游的，须经国务院旅游行政部门批准。

第三条　旅行社经营出国旅游业务，应当具备下列条件：

（一）取得国际旅行社资格满1年；

（二）经营入境旅游业务有突出业绩；

（三）经营期间无重大违法行为和重大服务质量问题。

第四条　申请经营出国旅游业务的旅行社，应当向省、自治区、直辖市旅游行政部门提出申请。省、自治区、直辖市旅游行政部门应当自受理申请之日起30个工作日内，依据本办法第三条规定的条件对申请审查完毕，经审查同意的，报国务院旅游行政部门批准；经审查不同意的，应当书面通知申请人并说明理由。

国务院旅游行政部门批准旅行社经营出国旅游业务，应当符合旅游业发展规划及合理布局的要求。

未经国务院旅游行政部门批准取得出国旅游业务经营资格的，任何单位和个人不得擅自经营或者以商务、考察、培训等方式变相经营出国旅游业务。

第五条　国务院旅游行政部门应当将取得出国旅游业务经营资格的旅行社（以下简称组团社）名单予以公布，并通报国务院有关部门。

第六条　国务院旅游行政部门根据上年度全国入境旅游的业绩、出国旅游目的地的增加情况和出国旅游的发展趋势，在每年的2月底以前确定本年度组织出国旅游的人数安排总量，并下达省、自治区、直辖市旅游行政部门。

省、自治区、直辖市旅游行政部门根据本行政区域内各组团社上年度经营入境旅游的业绩、经营能力、服务质量，按照公平、公正、公开的原则，在每年的3月底以前核定各组团社本年度组织出国旅游的人数安排。

国务院旅游行政部门应当对省、自治区、直辖市旅游行政部门核定组团社年度出国旅游人数安排及组团社组织公民出国旅游的情况进行监督。

第七条　国务院旅游行政部门统一印制《中国公民出国旅游团队名单表》（以下简称《名单表》），在下达本年度出国旅游人数安排时编号发放给省、自治区、直辖市旅游行政部门，由省、自治区、直辖市旅游行政部门核发给组团社。

组团社应当按照核定的出国旅游人数安排组织出国旅游团队，填写《名单表》。旅游者及领队首次出境或者再次出境，均应当填写在《名单表》中，经审核后的《名单表》不得增添人员。

第八条 《名单表》一式四联，分为：出境边防检查专用联、入境边防检查专用联、旅游行政部门审验专用联、旅行社自留专用联。

组团社应当按照有关规定，在旅游团队出境、入境时及旅游团队入境后，将《名单表》分别交有关部门查验、留存。

出国旅游兑换外汇，由旅游者个人按照国家有关规定办理。

第九条 旅游者持有有效普通护照的，可以直接到组团社办理出国旅游手续；没有有效普通护照的，应当依照《中华人民共和国公民出境入境管理法》的有关规定办理护照后再办理出国旅游手续。

组团社应当为旅游者办理前往国签证等出境手续。

第十条 组团社应当为旅游团队安排专职领队。

领队在带团时，应当遵守本办法及国务院旅游行政部门的有关规定。

第十一条 旅游团队应当从国家开放口岸整团出入境。

旅游团队出入境时，应当接受边防检查站对护照、签证、《名单表》的查验。经国务院有关部门批准，旅游团队可以到旅游目的地国家按照该国有关规定办理签证或者免签证。

旅游团队出境前已确定分团入境的，组团社应当事先向出入境边防检查总站或者省级公安边防部门备案。

旅游团队出境后因不可抗力或者其他特殊原因确需分团入境的，领队应当及时通知组团社，组团社应当立即向有关出入境边防检查总站或者省级公安边防部门备案。

第十二条 组团社应当维护旅游者的合法权益。

组团社向旅游者提供的出国旅游服务信息必须真实可靠，不得作虚假宣传，报价不得低于成本。

第十三条 组团社经营出国旅游业务，应当与旅游者订立书面旅游合同。

旅游合同应当包括旅游起止时间、行程路线、价格、食宿、交通以及违约责任等内容。旅游合同由组团社和旅游者各持一份。

第十四条 组团社应当按照旅游合同约定的条件，为旅游者提供服务。

组团社应当保证所提供的服务符合保障旅游者人身、财产安全的要求；对可能危及旅游者人身安全的情况，应当向旅游者做出真实说明和明确警示，并采取有效措施，防止危害的发生。

第十五条 组团社组织旅游者出国旅游，应当选择在目的地国家依法设立并具有良好信誉的旅行社（以下简称境外接待社），并与之订立书面合同后，方可委托其承担接

153

待工作。

第十六条　组团社及其旅游团队领队应当要求境外接待社按照约定的团队活动计划安排旅游活动，并要求其不得组织旅游者参与涉及色情、赌博、毒品内容的活动或者危险性活动，不得擅自改变行程、减少旅游项目，不得强迫或者变相强迫旅游者参加额外付费项目。

境外接待社违反组团社及其旅游团队领队根据前款规定提出的要求时，组团社及其旅游团队领队应当予以制止。

第十七条　旅游团队领队应当向旅游者介绍旅游目的地国家的相关法律、风俗习惯以及其他有关注意事项，并尊重旅游者的人格尊严、宗教信仰、民族风俗和生活习惯。

第十八条　旅游团队领队在带领旅游者旅行、游览过程中，应当就可能危及旅游者人身安全的情况，向旅游者做出真实说明和明确警示，并按照组团社的要求采取有效措施，防止危害的发生。

第十九条　旅游团队在境外遇到特殊困难和安全问题时，领队应当及时向组团社和中国驻所在国家使领馆报告；组团社应当及时向旅游行政部门和公安机关报告。

第二十条　旅游团队领队不得与境外接待社、导游及为旅游者提供商品或者服务的其他经营者串通欺骗、胁迫旅游者消费，不得向境外接待社、导游及其他为旅游者提供商品或者服务的经营者索要回扣、提成或者收受其财物。

第二十一条　旅游者应当遵守旅游目的地国家的法律，尊重当地的风俗习惯，并服从旅游团队领队的统一管理。

第二十二条　严禁旅游者在境外滞留不归。

旅游者在境外滞留不归的，旅游团队领队应当及时向组团社和中国驻所在国家使领馆报告，组团社应当及时向公安机关和旅游行政部门报告。有关部门处理有关事项时，组团社有义务予以协助。

第二十三条　旅游者对组团社或者旅游团队领队违反本办法规定的行为，有权向旅游行政部门投诉。

第二十四条　因组团社或者其委托的境外接待社违约，使旅游者合法权益受到损害的，组团社应当依法对旅游者承担赔偿责任。

第二十五条　组团社有下列情形之一的，旅游行政部门可以暂停其经营出国旅游业务；情节严重的，取消其出国旅游业务经营资格：

（一）入境旅游业绩下降的；

（二）因自身原因，在1年内未能正常开展出国旅游业务的；

（三）因出国旅游服务质量问题被投诉并经查实的；

（四）有逃汇、非法套汇行为的；

（五）以旅游名义弄虚作假，骗取护照、签证等出入境证件或者送他人出境的；

（六）国务院旅游行政部门认定的影响中国公民出国旅游秩序的其他行为。

第二十六条 任何单位和个人违反本办法第四条的规定，未经批准擅自经营或者以商务、考察、培训等方式变相经营出国旅游业务的，由旅游行政部门责令停止非法经营，没收违法所得，并处违法所得 2 倍以上 5 倍以下的罚款。

第二十七条 组团社违反本办法第十条的规定，不为旅游团队安排专职领队的，由旅游行政部门责令改正，并处 5000 元以上 2 万元以下的罚款，可以暂停其出国旅游业务经营资格；多次不安排专职领队的，并取消其出国旅游业务经营资格。

第二十八条 组团社违反本办法第十二条的规定，向旅游者提供虚假服务信息或者低于成本报价的，由工商行政管理部门依照《中华人民共和国消费者权益保护法》、《中华人民共和国反不正当竞争法》的有关规定给予处罚。

第二十九条 组团社或者旅游团队领队违反本办法第十四条第二款、第十八条的规定，对可能危及人身安全的情况未向旅游者做出真实说明和明确警示，或者未采取防止危害发生的措施的，由旅游行政部门责令改正，给予警告；情节严重的，对组团社暂停其出国旅游业务经营资格，并处 5000 元以上 2 万元以下的罚款，对旅游团队领队可以暂扣直至吊销其导游证；造成人身伤亡事故的，依法追究刑事责任，并承担赔偿责任。

第三十条 组团社或者旅游团队领队违反本办法第十六条的规定，未要求境外接待社不得组织旅游者参与涉及色情、赌博、毒品内容的活动或者危险性活动，未要求其不得擅自改变行程、减少旅游项目、强迫或者变相强迫旅游者参加额外付费项目，或者在境外接待社违反前述要求时未制止的，由旅游行政部门对组团社处组织该旅游团队所收取费用 2 倍以上 5 倍以下的罚款，并暂停其出国旅游业务经营资格，对旅游团队领队暂扣其导游证；造成恶劣影响的，对组团社取消其出国旅游业务经营资格，对旅游团队领队吊销其导游证。

第三十一条 旅游团队领队违反本办法第二十条的规定，与境外接待社、导游及为旅游者提供商品或者服务的其他经营者串通欺骗、胁迫旅游者消费或者向境外接待社、导游和其他为旅游者提供商品或者服务的经营者索要回扣、提成或者收受其财物的，由旅游行政部门责令改正，没收索要的回扣、提成或者收受的财物，并处索要的回扣、提成或者收受的财物价值 2 倍以上 5 倍以下的罚款；情节严重的，并吊销其导游证。

第三十二条 违反本办法第二十二条的规定，旅游者在境外滞留不归，旅游团队领队不及时向组团社和中国驻所在国家使领馆报告，或者组团社不及时向有关部门报告的，由旅游行政部门给予警告，对旅游团队领队可以暂扣其导游证，对组团社可以暂停其出国旅游业务经营资格。

旅游者因滞留不归被遣返回国的，由公安机关吊销其护照。

第三十三条 本办法自 2002 年 7 月 1 日起施行。国务院 1997 年 3 月 17 日批准，国家旅游局、公安部 1997 年 7 月 1 日发布的《中国公民自费出国旅游管理暂行办法》同时废止。

附录3 旅行社出境旅游服务规范

1 范围

本标准规定了旅行社组织出境旅游活动所应具备的产品和服务质量的要求。本标准适用于中华人民共和国境内旅行社提供的出境旅游业务。

2 规范性引用文件

下列文件对于本文件的应用是必不可少的。凡是注日期的引用文件，仅注日期的版本适用于本文件。凡是不注日期的引用文件，其最新版本（包括所有的修改单）适用于本文件。

GB/T 15971—2010 导游服务规范

GB/T 16766 旅游业基础术语

GB/T 26359—2010 旅游客车设施与服务规范

GB/T 31385—2015 旅行社服务通则

LB/T 009—2011 旅行社入境旅游服务规范

3 术语和定义

GB/T 15971—2010、GB/T 16766 和 GE/丁 31385—2015 确立的以及下列术语和定义适用于本文件。

3.1 组团社 outbound travel service

依法取得出境旅游经营资格的旅行社。

3.2 出境旅游 outbound tour

组团社组织的以团队旅游的方式，前往中国公布的旅游目的地国家/地区的旅行游览活动。

3.3 出境旅游领队 outbound tour escort

依法取得从业资格，受组团社委派，全权代表组团社带领旅游团出境旅游，监督境外接待旅行社和导游人员等执行旅游计划，并为旅游者提供出入境等相关服务的工作人员。

3.4 出境旅游产品 outbound tour product

组团社为出境旅游者提供的旅游线路及其相应服务。

3.5 旅游证件 tour certification

因私护照和/或来往港澳/台湾地区的通行证。

3.6　出境旅游合同 outbound tour contract

组团社与出境旅游者（团）双方共同签署并遵守、约定双方权利和义务的合同。

3.7　奖励旅游 incentive travel

组织为其业绩优秀的员工提供所需经费，并委托专业旅游机构（组团社）组织，以弘扬企业文化、传达组织对其员工的感谢与关怀为创意，以增强员工的荣誉感和企业凝聚力、刺激业绩增长形成良性循环为主要目的的旅游活动。

3.8　同业合作 travel agencies' community cooperation

组团社之间互为代理对方的出境旅游产品，或者组团社委托其零售商代理销售其出境旅游产品并代为招徕出境旅游者的业务合作活动。

4　出境旅游产品

4.1　产品要求

组团社应编制并向旅游者提供《旅游线路产品说明书》（以下简称《说明书》）。《说明书》应符合 GB/T 31385—2015 的要求。

4.2　设计要求

出境旅游产品设计除应满足 GB/T 31385—2015 的要求外，还应：

a) 突出线路的主题与特色，适时开发并推出新产品；

b) 优化旅游资源的配置与组合，控制旅游者消费成本；

c) 充分考虑旅游资源的时令性限制；

d) 确保旅游目的地及其游览/观光区域的可进入性；

e) 符合国家法律法规、部门规章、国家或行业标准的要求；

f) 具有安全保障，正常情况下能确保全面履约，发生意外情况时有应急对策；

g) 产品多样化，能满足不同消费档次、不同品位的市场需求，符合旅游者的愿望。

5　服务提供通用要求

5.1　总要求

5.1.1　组团社应在受控条件下提供出境旅游服务，以确保服务过程准确无误。为此，组团社应：

a) 下工序接受上工序工作移交时进行检验复核，以确认无误；

b) 确保其工作人员符合规定的资格要求和具备实现出境旅游服务所必需的能力，以证实自身的服务过程的质量保障能力和履约能力；

c) 确立有效的服务监督方法并组织实施；

d) 为有关工序提供作业指导书；

e) 提供适当的培训或其他措施，以使员工符合规定的资格要求并具备必需的能力；

f) 认真查验登记并妥善保管旅游者提供的相关旅游证件及资料，需要移交时保留移送交接记录。

5.1.2 组团社应安排旅游团队从国家开放口岸整团出入境，并按照出境旅游合同的约定，为旅游者提供服务。

在旅游过程中，组团社及其领队人员应：

a）对可能危及旅游者人身、财产安全的因素：

——向旅游者做出真实的说明和明确的警示；

——采取防止危害发生的必要措施；

b）尊重旅游者的人格尊严、宗教信仰、民族风格和生活习惯。

5.2 营销服务

5.2.1 门市部营业环境与销售人员

门市部营业环境与销售人员应符合 GB/T 31385—2015 第 6 章的要求。

5.2.2 接受旅游者报名

接受旅游者报名时，营业销售人员除应符合 GB/T 31385—2015 第 6 章的要求外，还应：

a）向旅游者提供有效的旅游产品资料，并为其选择旅游产品提供咨询；

b）告知旅游者填写出境旅游有关申请表格的须知和出境旅游兑换外汇有关须知；

c）认真审验旅游者提交的旅游证件及相关资料物品，以使符合外国驻华使领馆的要求，对不适用或不符合要求的及时向旅游者退换；

d）向旅游者/客户说明所报价格的限制条件，如报价的有效时段或人数限制等；

e）对旅游者提出的参团要求进行评价与审查，以确保所接纳的旅游者要求均在组团社服务提供能力范围之内；

f）与旅游者签订出境旅游合同及相关的补充协议，并提供《旅游线路产品说明书》作为旅游合同的附件；

g）接受旅游者代订团队旅游行程所需机票和代办团队旅游行程所需签证/注的委托；

h）计价收费手续完备，收取旅游费用后开具发票，账款清楚；

i）提醒旅游者有关注意事项，并向旅游者推荐旅游意外保险；

j）妥善保管旅游者在报名时提交的各种资料物品，交接时手续清楚；

k）将经评审的旅游者要求和所做的承诺及时准确地传递到有关工序。

5.3 团队计调运作

5.3.1 旅游证件

组团社应确保旅游者提交的旅游证件在送签和移送过程中在受控状态下交接和使用。

5.3.2 境外接团社的选择与管理

组团社应对境外接团旅行社进行评审，在满足下列条件的旅行社中优先选用，并与

其签订书面接团协议,以确保组团社所销售的旅游产品质量的稳定性:

a) 依法设立;

b) 在目的地国家/地区旅游部门指定或推荐的名单内;

c) 具有优良的信誉和业绩;

d) 有能够满足团队接待需要的业务操作能力;

e) 有能够满足团队接待需要的设施和设备;

f) 有能够满足团队接待需要且符合当地政府资质要求的导游人员队伍,并不断对其进行培养和继续教育,以使其不断提高其履行出境旅游合同约定的意识和服务技能,持续改进服务质量;

g) 订立了符合出境旅游合同要求的导游人员行为规范,并能在导游人员队伍中得到有效实施。组团社应定期对境外接待社进行再评审,并建立境外接团社信誉档案。评审间隔不应超过1年。相关的记录应予保存。

5.3.3 旅游签证/注

组团社应按照旅游者的委托和旅游目的地国驻华使领馆/我公安等部门的要求为旅游者代办团队 旅游签证/注。对旅游者提交的自办签证/注,接收时应认真查验,以使符合外国驻华使领馆的要求。

代办签证/注过程中产生的相关交接记录应予保存。

5.3.4 团队计划的落实

组团社应根据其承诺/约定、旅游线路以及经评审的旅游者要求/委托,与有关交通运输、移民机关、接团社等有关部门/单位落实团队计划的各项安排/代办事项,确保准确无误。

组团社在落实团队计划过程中发现任何不适用的旅游者物品资料,应及时通知旅游者更换/更正。与境外接待社落实团队接待计划确认信息的书面记录应予保存。

公商务旅游团队,组团社应与出团单位的联系人保持有效沟通,并对出团单位审定的方案进行评审并保存记录,以确保所需服务在组团社的提供能力范围内。超出能力范围的,应与出团单位协商解决。团队计划落实妥当后,计调人员应做好如下工作并保存相应的移送交接记录:

a) 将如下信息如实告知领队人员,并提供相应的书面资料:

——团队计划落实情况,如团队行程;

——团队名单;

——旅游者的特殊要求;

b) 向领队移交:

——团队的旅游证件;

——团队机票;

——团队出入国境时需使用的有关表格;

——公安边检查验用的团认名单表（需要时）；

——另纸签证（需要时）；

5.3.5 行前说明会

出团前，组团社应召开出团行前说明会。在会上，组团社应向旅游者：

a）重申出境旅游的有关注意事项及外汇兑换事项与手续等；

b）发放并重点解读根据《旅游产品计划说明书》细化的《行程须知》；

c）发放团队标识和《游客旅游服务评价表》；

注：按照 LB/T 009—2011 附录 D 给出的参考样式。

d）翔实说明各种由于不可抗力/不可控制因素导致组团社不能（完全）履行约定的情况，以取得旅游者的谅解。

《行程须知》除细化并如实补充告知《说明书》中交通工具的营运编号（如飞机航班号等）和集合出发的时间地点以及住宿的饭店名称外，还应列明：

a）前往的旅游目的地国家或地区的相关法律法规知识和有关重要规定、风俗习惯以及安全避险措施；

b）境外收取小费的惯例及支付标准；

c）组团社和接团社的联系人和联络方式；

d）遇到紧急情况的应急联络方式（包括我驻外使领馆的应急联络方式）。

5.3.6 国内段接送旅游汽车

国内段的接送汽车应符合 GB/T 26359—2010 的要求。

5.4 领队接待服务

5.4.1 总要求

出境旅游团队应配备符合法定资质的领队。

5.4.2 领队素质要求

领队人员应：

a）符合 GB/T 15971—2010 要求的基本素质；

b）切实履行领队职责、严格遵守外事纪律；

c）已考取领队证并具备：

1）英语或目的地国家/地区语言表达能力；

2）导游工作经验和实操能力；

3）应急处理能力。

5.4.3 领队职责

领队应：

a）维护旅游者的合法权益；

b）与接待社共同实施旅游行程计划，协助处理旅游行程中的突发事件、纠纷及其他问题；

c）为旅游者提供旅游行程的相关服务；

d）代表组团社监督接待社和当地导游的服务质量；

e）自觉维护国家利益和民族尊严，并提醒旅游者抵制任何有损国家利益和民族尊严的言行；

f）向旅游者说明旅游目的地的法律法规、风土人情及风俗习惯等。

5.4.4 领队服务规范

5.4.4.1 通则

领队服务应符合 GB/T 15971—2010 的相关要求。

领队应认真履行领队职责（5.4.3），按旅游合同的约定完成旅游行程计划。

5.4.4.2 出团准备

领队接收计调人员移交的出境旅游团队资料时应认真核对查验。

注：出境旅游团队资料通常包括团队名单表、出入境登记卡、海关申报单、旅游证件、旅游签证/签注、交通票据、接待计划书、联络通讯录等。

领队应提前到达团队集合地点，召集、率领团队按时出发，并在适当的时候代表组团社致欢迎词。

5.4.4.3 出入境服务

领队应告知并向旅游者发放通关时应向口岸的边检/移民机关出示/提交的旅游证件和通关资料（如：出入境登记卡、海关申报单等），引导团队依次通关。

向口岸的边检/移民机关提交必要的团队资料（如：团队名单、团体签证、出入境登记卡等），并办理必要的手续。

领队应积极为旅游团队办妥乘机和行李托运的有关手续，并依时引导团队登机。

飞行途中，领队应协助机组/空乘人员向旅游者提供必要的帮助和服务。

5.4.4.4 旅行游览服务

领队应按组团社与旅游者所签的旅游合同约定的内容和标准为旅游者提供符合 GB/T 15971—2010 要求的旅游行程接待服务，并督促接待社及其导游员按约定履行旅游合同。

入住饭店时，领队应向当地导游员提供团队住宿分房方案，并协助导游员办好入店手续。

在旅游途中，领队应：

a）积极协助当地导游为旅游者提供必要的帮助和服务；

b）劝谕引导旅游者遵守当地的法律法规，尊重当地风俗习惯；

c）随时注意团队安全。

旅游行程结束时，应通过向旅游者发放并回收《游客旅游服务评价表》征询旅游者对旅游行程服务的意见，并代表组团社致欢送词。

5.4.5 特殊/突发情况的处理

组团社应建立健全应急预案和应急处理机制，建立保持畅通的沟通渠道。

旅游者在旅游过程中遇到特殊困难、旅游者在境外滞留不归或出现特殊/突发情况，如事故伤亡、行程受阻、财物丢失或被抢被盗、重大传染性疾病、自然灾害等，领队应积极协助有关机构或直接做出有效的处理，并向我驻当地使领馆报告，获得帮助，以维护旅游者的合法权益。

注：GB/T 15971—2010 附录 A 提供了应急处理的原则。

6 服务提供特别要求

6.1 奖励旅游

组团社应为组织者度身定做奖励旅游专项产品。奖励旅游产品应与组织者奖励旅游的创意和目的相匹配。组团社应参照本标准 5.3.4 的要求提供相关服务。

6.2 同业合作

6.2.1 导则

组团社之间或者组团社与其零售商之间，可依法建立批发与零售代理关系。

6.2.2 组团社

组织出团的组团社应：

a）向负责收客的旅行社提供符合本标准第 4 章要求的旅游产品；

b）向负责收客的旅行社招徕的旅游者提供符合本标准要求的出境旅游服务。

6.2.3 负责收客的旅行社

收客时，负责收客的旅行社应：

a）向旅游者披露组团社，并使用组团社指定的旅游合同；

b）向旅游者提供符合本标准要求的销售服务；

c）销售旅游线路产品时使用该产品组团社的《说明书》；

d）非经组团社同意，不向旅游者做出超出《说明书》范围的承诺。

6.2.4 转团

旅游团队因组团社原因不能按约成行，需将旅游者转到另外的组团社出团的，原签约的组团社应与旅游者签订转团合同，并与承担出团任务的组团社签订合作协议。

6.2.5 沟通

组团社、负责收客的旅行社与旅游者应保持有效的沟通，相关资料应得到及时传递，客源交接的相关手续与信息清楚并保留相应的记录。

6.2.6 信誉档案

组团社与负责收客的旅行社应互建对方的信誉档案。

旅游者投诉时，属负责收客的旅行社自身责任所致的，负责收客的旅行社应及时做出处理；属组团社责任所致的，应及时会同组团社做出处理。

7 服务质量的监督与改进

7.1 总要求

组团社应按照本标准的要求并参照 GB/T 19001 的要求建立出境旅游服务质量管理体系。

组团社应建立健全出境旅游服务质量检查机构和监督机制,依据本标准对出境旅游服务进行监督检查。

7.2 服务质量的监督

组团社应通过《游客旅游服务评价表》、《领队日志》、电话回访、对自身出境旅游产品的定期评价、每年度对地接社及其地陪的服务供方评价及其他方式认真听取各方面的意见;对收集到的旅游者反馈信息进行统计分析,了解旅游者对出境旅游服务的满意度。

7.3 服务质量的改进

组团社应根据旅游者的满意度对存在的质量问题进行分析,确定出现质量问题的原因。

组团社应针对出现质量问题的原因采取有效措施,防止类似问题再次发生,达到出境旅游服务质量的持续改进。

7.4 投诉处理

组团社对旅游者的投诉应认真受理、登记记录,依法做出处理。

组团社应设专职人员负责处理旅游者投诉。对于重大旅游投诉,组团社主要管理人员应亲自出面处理。

组团社应建立健全投诉档案管理制度。

附录4　导游领队引导文明旅游规范

1　范围

本规范规定了旅行社组织、接待旅游（团）者过程中，导游员、出境旅游领队引导旅游者文明旅游的基本要求、具体内容和相应规范。

本规范适用于旅行社组织、接待的旅游（团）者，包括中国公民境内旅游、出境旅游，以及境外国家或地区到中国境内旅游的旅游（团）者。

2　规范性引用文件

下列文件对于本文件的应用是必不可少的。凡是注日期的引用文件，仅注日期的版本适用于本文件。凡是不注日期的引用文件，其最新版本（包括所有的修改单）适用于本文件。

GB/T 15971 — 2010 导游服务规范

LB/T 005　旅行社出境旅游服务规范

LB/T 008　旅行社服务通则

3　术语和定义

3.1　导游员 tour guide

符合上岗资格的法定要求，接受旅行社委派，直接为旅游团（者）提供向导、讲解及旅游服务的人员。导游员包括全程陪同导游员和地方陪同导游员。

本定义依据 GB/T 15971 — 2010 导游服务规范。

3.2　出境旅游领队　outbound tour escort

依法取得从业资格，受组团社委派，全权代表组团社带领旅游团出境旅游，监督境外接待旅行社和导游人员等执行旅游计划，并为旅游者提供出入境等相关服务的工作人员。

本定义依据 LB/T 005　旅行社出境旅游服务规范

3.3　旅行社 travel service

从事招徕、组织、接待旅游者等活动，为旅游者提供相关旅游服务，开展旅游业务的企业法人。

4　总体要求

4.1　引导的基本要求

4.1.1　一岗双责

4.1.1.1 导游领队人员应兼具为旅游者提供服务，与引导旅游者文明旅游两项职责。

4.1.1.2 导游领队人员在引导旅游者文明旅游过程中应体现服务态度、坚持服务原则，在服务旅游者过程中应包含引导旅游者文明旅游的内容。

4.1.2 掌握知识

4.1.2.1 导游领队人员应具备从事导游领队工作的基本专业知识和业务技能。

4.1.2.2 导游领队人员应掌握我国旅游法律、法规、政策以及有关规范性文件关于文明旅游的规定和要求。

4.1.2.3 导游领队人员应掌握基本的文明礼仪知识和规范。

4.1.2.4 导游领队人员应熟悉旅游目的地法律规范、宗教信仰、风俗禁忌、礼仪知识、社会公德等基本情况。

4.1.2.5 导游领队人员应掌握必要的紧急情况处理技能。

4.1.3 率先垂范

4.1.3.1 导游领队人员在工作期间应以身作则，遵纪守法，恪守职责，体现良好的职业素养和职业道德，为旅游者树立榜样。

4.1.3.2 导游领队人员在工作期间应注重仪容仪表、衣着得体，展现导游领队职业群体的良好形象。

4.1.3.3 导游领队人员在工作期间应言行规范，举止文明，为旅游者做出良好示范。

4.1.4 合理引导

4.1.4.1 导游领队人员对旅游者文明旅游的引导应诚恳、得体。

4.1.4.2 导游领队人员应有维护文明旅游的主动性和自觉性，关注旅游者的言行举止，在适当时机对旅游者进行相应提醒、警示、劝告。

4.1.4.3 导游领队人员应积极主动营造轻松和谐的旅游氛围，引导旅游者友善共处、互帮互助，引导旅游者相互督促、友善提醒。

4.1.5 正确沟通

4.1.5.1 在引导时，导游领队人员应注意与旅游者充分沟通，秉持真诚友善原则，增强与旅游者之间的互信，增强引导效果。

4.1.5.2 对旅游者的正确批评和合理意见，导游领队人员应认真听取，虚心接受。

4.1.6 分类引导

4.1.6.1 针对不同旅游者的引导

a. 在带团工作前，导游领队人员应熟悉团队成员、旅游产品、旅游目的地的基本情况，为恰当引导旅游者做好准备。

b. 对未成年人较多的团队，应侧重对家长的引导，并需特别关注未成年人特点，避免损坏公物、喧哗吵闹等不文明现象发生。

c.对无出境记录旅游者,应特别提醒旅游目的地风俗禁忌和礼仪习惯,以及出入海关、边防(移民局)的注意事项,提前告知和提醒。

d.旅游者生活环境与旅游目的地环境差异较大时,导游领队应提醒旅游者注意相关习惯、理念差异,避免言行举止不合时宜而导致的不文明现象。

4.1.6.2 针对不文明行为的处理

a.对于旅游者因无心之过而与旅游目的地风俗禁忌、礼仪规范不协调的行为,应及时提醒和劝阻,必要时协助旅游者赔礼道歉。

b.对于从事违法或违反社会公德活动的旅游者,或从事严重影响其他旅游者权益的活动,不听劝阻、不能制止的,根据旅行社的指示,导游领队可代表旅行社与其解除旅游合同。

c.对于从事违法活动的旅游者,不听劝阻、无法制止,后果严重的,导游领队人员应主动向相关执法、管理机关报告,寻求帮助,依法处理。

4.2 引导的主要内容

4.2.1 法律法规

导游领队人员应将我国和旅游目的地国家和地区文明旅游的有关法律规范和相关要求向旅游者进行提示和说明,避免旅游者出现触犯法律的不文明行为。引导旅游者爱护公物、文物,遵守交通规则,尊重他人权益。

4.2.2 风俗禁忌

导游领队人员应主动提醒旅游者尊重当地风俗习惯、宗教禁忌。在有支付小费习惯的国家和地区,应引导旅游者以礼貌的方式主动向服务人员支付小费。

4.2.3 绿色环保

导游领队人员应向旅游者倡导绿色出游、节能环保,宜将具体环保常识和方法向旅游者进行说明。引导旅游者爱护旅游目的地自然环境,保持旅游场所的环境卫生。

4.2.4 礼仪规范

导游领队人员应提醒旅游者注意基本的礼仪规范:仪容整洁,遵序守时,言行得体。提醒旅游者不在公共场合大声喧哗、违规抽烟,提醒旅游者依序排队、不拥挤争抢。

4.2.5 诚信善意

导游领队人员应引导旅游者在旅游过程中保持良好心态,尊重他人、遵守规则、恪守契约、包容礼让,展现良好形象。通过旅游提升文明素养。

5 具体规范

5.1 出行前

5.1.1 导游领队应在出行前将旅游文明需要注意的事项以适当方式告知旅游者。

5.1.2 导游领队参加行前说明会的,宜在行前说明会上,向旅游者讲解《中国公民国内旅游文明行为公约》或《中国公民出境旅游文明行为指南》，提示基本的文明旅游规范，并将旅游目的地的法律法规、宗教信仰、风俗禁忌、礼仪规范等内容系统、详细告知旅游者，使旅游者在出行前具备相应知识，为文明旅游做好准备。

5.1.3 不便于召集行前说明会或导游领队不参加行前说明会的，导游领队宜向旅游者发送电子邮件、传真或通过电话沟通等方式，将文明旅游的相关注意事项和规范要求进行说明和告知。

5.1.4 在旅游出发地机场、车站等集合地点，导游领队应将文明旅游事项向旅游者进行重申。

5.1.5 如旅游产品具有特殊安排，如乘坐的廉价航班上不提供餐饮、入住酒店不提供一次性洗漱用品的，导游领队应向旅游者事先告知和提醒。

5.2 登机（车、船）与出入口岸

5.2.1 导游领队应提醒旅游者提前办理检票、安检、托运行李等手续，不携带违禁物品。

5.2.2 导游领队应组织旅游者依序候机（车、船），并优先安排老人、未成年人、孕妇、残障人士。

5.2.3 导游领队应提醒旅游者不抢座、不占位，主动将上下交通工具方便的座位让给老人、孕妇、残障人士和带婴幼儿的旅游者。

5.2.4 导游领队应引导旅游者主动配合机场、车站、港口以及安检、边防（移民局）、海关的检查和指挥。与相关工作人员友好沟通，避免产生冲突，携带需要申报的物品，应主动申报。

5.3 乘坐公共交通工具

5.3.1 导游领队宜利用乘坐交通工具的时间，将文明旅游的规范要求向旅游者进行说明和提醒。

5.3.2 导游领队应提醒旅游者遵守和配合乘务人员指示，保障交通工具安全有序运行：如乘机时应按照要求使用移动电话等电子设备。

5.3.3 导游领队应提醒旅游者乘坐交通工具的安全规范和基本礼仪，遵守秩序，尊重他人：如乘机（车、船）时不长时间占用通道或卫生间，不强行更换座位，不强行开启安全舱门。避免不文雅的举止，不无限制索要免费餐饮等。

5.3.4 导游领队应提醒旅游者保持交通工具内的环境卫生，不乱扔乱放废弃物。

5.4 住宿

5.4.1 导游领队应提醒旅游者尊重服务人员，服务人员问好时要友善回应。

5.4.2 导游领队应指引旅游者爱护和正确使用住宿场所设施设备，注意维护客房和公用空间的整洁卫生，提醒旅游者不在酒店禁烟区域抽烟。

5.4.3 导游领队应引导旅游者减少一次性物品的使用，减少环境污染，节水节电。

5.4.4 导游领队应提醒旅游者在客房区域举止文明，如在走廊等公共区域衣着得体，出入房间应轻关房门，不吵闹喧哗，宜调小电视音量，以免打扰其他客人休息。

5.4.5 导游领队应提醒旅游者在客房内消费的，应在离店前主动声明并付费。

5.5 餐饮

5.5.1 导游领队应提醒旅游者注意用餐礼仪，有序就餐，避免高声喧哗干扰他人。

5.5.2 导游领队应引导旅游者就餐时适量点用，避免浪费。

5.5.3 导游领队应提醒旅游者自助餐区域的食物、饮料不能带离就餐区。

5.5.4 集体就餐时，导游领队应提醒旅游者正确使用公共餐具。

5.5.5 旅游者如需在就餐时抽烟，导游领队应指示旅游者到指定抽烟区域就座，如就餐区禁烟的，应遵守相关规则。

5.5.6 就餐环境对服装有特殊要求的，导游领队应事先告知旅游者，以便旅游者准备。

5.5.7 在公共交通工具或博物馆、展览馆、音乐厅等场所，应遵守相关规则，勿违规饮食。

5.6 游览

5.6.1 导游领队宜将文明旅游的内容融合在讲解词中，进行提醒和告知。

5.6.2 导游领队应提醒旅游者遵守游览场所规则，依序文明游览。

5.6.3 在自然环境中游览时，导游领队应提示旅游者爱护环境、不攀折花草、不惊吓伤害动物，不进入未开放区域。

5.6.4 观赏人文景观时，导游领队应提示旅游者爱护公物、保护文物，不攀登骑跨或胡写乱划。

5.6.5 在参观博物馆、教堂等室内场所时，导游领队应提示旅游者保持安静，根据场馆要求规范使用摄影摄像设备。不随意触摸展品。

5.6.6 游览区域对旅游者着装有要求的（如教堂、寺庙、博物馆、皇宫等），导游领队应提前一天向旅游者说明，提醒准备。

5.6.7 导游领队应提醒旅游者摄影摄像时先后有序，不妨碍他人。如需拍摄他人肖像或与他人合影，应征得同意。

5.7 娱乐

5.7.1 导游领队应组织旅游者安全、有序、文明、理性参与娱乐活动。

5.7.2 导游领队应提示旅游者观赏演艺、比赛类活动时遵守秩序：如按时入场、有序出入。中途入场或离席以及鼓掌喝彩应合乎时宜。根据要求使用摄像摄影设备，慎用闪光灯。

5.7.3 导游领队应提示旅游者观看体育比赛时，尊重参赛选手和裁判，遵守赛场秩序。

5.7.4 旅游者参加涉水娱乐活动的，导游领队应事先提示旅游者听从工作人员指挥，注意安全，爱护环境。

5.7.5 导游领队应提示旅游者在参加和其他旅游者、工作人员互动活动时，文明参与、大方得体，并在活动结束后对工作人员表示感谢，礼貌话别。

5.8 购物

5.8.1 导游领队应提醒旅游者理性、诚信消费，适度议价，善意待人，遵守契约。

5.8.2 导游领队应提醒旅游者遵守购物场所规范，保持购物场所秩序，不哄抢喧哗，试吃试用商品应征得同意，不随意占用购物场所非公共区域的休息座椅。

5.8.3 导游领队应提醒旅游者尊重购物场所购物数量限制。

5.8.4 在购物活动前，导游领队应提醒旅游者购物活动结束时间和购物结束后的集合地点，避免旅游者迟到、拖延而引发的不文明现象发生。

5.9 如厕

5.9.1 在旅游过程中，导游领队应提示旅游者正确使用卫生设施；在如厕习惯特别的国家或地区，或卫生设施操作复杂的，导游领队应向旅游者进行相应说明。

5.9.2 导游领队应提示旅游者维护卫生设施清洁、适度取用公共卫生用品，并遵照相关提示和说明不在卫生间抽烟或随意丢弃废弃物、不随意占用残障人士专用设施。

5.9.3 在乘坐长途汽车前，导游领队应提示旅游者行车时间，提醒旅游者提前上卫生间。在长途行车过程中，导游领队应与司机协调，在中途安排停车如厕。

5.9.4 游览过程中，导游领队应适时提示卫生间位置，尤其应注意引导家长带领未成年人使用卫生间，不随地大小便。

5.9.5 在旅游者众多的情况下，导游领队应引导旅游者依序排队使用卫生间、并礼让急需的老人、未成年人、残障人士。

5.9.6 在野外无卫生间等设施设备的情况下，导游领队应引导旅游者在适当的位置如厕，避免污染水源或影响生态环境。并提示旅游者填埋、清理废弃物。

6 特殊/突发情况处理

6.1 旅游过程中遭遇特殊/突发情况，如财物被抢被盗、重大传染性疾病、自然灾害、交通工具延误等情形，导游领队应沉着应对，冷静处理。

6.2 需要旅游者配合相关部门处理的，导游领队应及时向旅游者说明，进行安抚劝慰，导游领队还应积极协助有关部门进行处理。在突发紧急情况下，导游领队应立即采取应急措施，避免损失扩大，事态升级。

6.3 导游领队应在旅游者和相关机构和人员发生纠纷时，及时处理、正确疏导，引导旅游者理性维权、化解矛盾。

6.4 遇旅游者采取拒绝上下机（车、船）、滞留等方式非理性维权的，导游领队应与旅游者进行沟通、晓以利害。必要时应向驻外使领馆或当地警方等机构报告，寻求帮助。

7 总结反馈

7.1 旅游行程全部结束后,导游领队向旅行社递交的带团报告或团队日志中,宜有总结和反馈文明旅游引导工作的内容,以便积累经验并在导游领队人员中进行培训、分享。

7.2 旅游行程结束后,导游领队宜与旅游者继续保持友好交流、并妥善处理遗留问题。

7.3 对旅游过程中严重违背社会公德、违反法律规范,影响恶劣,后果严重的旅游者,导游领队人员应将相关情况向旅行社进行汇报,并通过旅行社将该旅游者的不文明行为向旅游管理部门报告,经旅游管理部门核实后,纳入旅游者不文明旅游记录。

7.4 旅行社、导游行业组织等机构应做好导游领队引导文明旅游的宣传培训和教育工作。

项目策划：段向民
责任编辑：张芸艳
责任印制：谢　雨
封面设计：何　杰

图书在版编目（CIP）数据

领队业务 / 赵明主编． -- 北京：中国旅游出版社，2018.12（2022.1重印）

全国重点旅游院校"十三五"规划教材

ISBN 978-7-5032-6169-5

Ⅰ．①领… Ⅱ．①赵… Ⅲ．①旅游服务—高等职业教育—教材 Ⅳ．① F590.63

中国版本图书馆 CIP 数据核字（2018）第 290563 号

书　　名：	领队业务
作　　者：	赵明　主编
出版发行：	中国旅游出版社
	（北京静安东里6号　邮编：100028）
	http://www.cttp.net.cn　E-mail:cttp@mct.gov.cn
	营销中心电话：010-57377108，010-57377109
	读者服务部电话：010-57377151
排　　版：	北京旅教文化传播有限公司
经　　销：	全国各地新华书店
印　　刷：	三河市灵山芝兰印刷有限公司
版　　次：	2018年12月第1版　2022年1月第3次印刷
开　　本：	787毫米×1092毫米　1/16
印　　张：	11.25
字　　数：	238千
定　　价：	35.00元
ISBN	978-7-5032-6169-5

版权所有　翻印必究

如发现质量问题，请直接与营销中心联系调换